臺北城南印記

1978-2000年臺灣本土化與民主化的雙軌發展歷程

Memory of Taipei : Processed of Localize and Demoralize in Taiwan(1978-2000)

陳添壽——著

方集出版社

自　序

　　1978 年冬，我離開溫暖臺南鄉下，舊稱下茄苳堡的安溪寮老家，結束一段教書歲月的工作，轉入我人生中的另一個場域，來到辦公室位在臺北金華街一棟名「月涵堂」的地方，同時我也選擇在臺北城南溫州街名巷的住家定居了下來。

　　印記 1970 年代後期，國家發展正面臨吹起革新運動的浪潮，和政經體制面對轉型風起雲湧的關鍵時刻，這階段可說是直至 2000 年的初期，也正是當時執政的國民黨遭遇必須直接面對政黨輪替的前奏。

　　在這 20 多年間的工作與生活，除了工作地點曾從金華街到木柵路、杭州南路再到中山南路以外，我都是居住在臺灣大學公館附近，夙有「名人居」之稱的溫州街小巷。這些我服務單位的辦公室和我住的地方，有著許多我在職場工作與家庭生活上的印記。

　　我印記這段工作職場與家庭生活的經過，其內容我曾先後發表於《臺灣商報》（電子報），現我將其審修整理之後，主要經過的情景分為：溫州街、金華街、中山南路等三部分來敘述。

　　本書第一部分【溫州街「名人居」印記】。包括：最先說明我從臺南的鄉下上臺北來，為什麼有機緣的選擇落腳，

住進在戰後臺北有許許多多知名人士所居住的溫州街小巷，讓我留下從張道藩蔣碧微與「中國文藝協會」、郎靜山與林絲緞舞蹈社、鄰居陳奇祿許水德謝瑞智、曹永和與臺灣歷史研究基金會、藍乾章毛子水通識治學、殷海光故居與自由主義、臺靜農「歇腳庵」「龍坡丈室」、英千里輔仁大學、傅斯年俞大維故居、虞和芳〈哀悼胡適之先生〉詩、孫運璿與臺電大樓等名人軼事，到我搬離我「溫馨臺北小客棧」等印記的文字。

本書第二部分【金華街「月涵堂」印記】。包括：我因感受梭羅《湖濱散記》，聽有遠方鼓聲而調整不同步伐的啟示，選擇了從事於國家發展體制內的改革之路，因而有此機緣上班地點在臺北金華街「月涵堂」，跟隨馬星野先生的接觸魏景蒙、耿修業、羊汝德、沈岳等新聞界人士，也因此對於新聞媒體的工作性質，和其單位主其事者的行事風格多少有所了解。遺憾的是，這段相處的時間並沒有很長，我因為身體健康因素的心境轉折，決定了轉換新單位的工作。

本書第三部分【中山南路「中央黨部」印記】。包括：我的轉換工作與場域的心路歷程，體會走自己路的在生命轉彎處，我把握有可能在國內外再進修的機會，得以創造自己從事教書與出書等等的工作昇華，更因為機緣的關係，讓我可以有如此的「三生有幸」，以幕僚單位的工作性質，側記解嚴前蔣經國執政後階段（1978-1987）本土化，與解嚴後李登輝執政階段（1988-2000）的民主化經緯。

在這過程裡，更讓自己決心於 2000 年初離開這滾滾紅塵，不再繼續為人作嫁，可以找回自我的安身立命，重拾過著學校教書與著述的生活。在此，我仍然還是要強調上述我的印記文字，不是一本學術性歷史論著，它只是聚焦在敘述 1978 年至 2000 年的這段期間，我對於臺灣在本土化與民主化的雙軌發展歷程中，自己所見所聞的一點個人心得。

　　2000 年初，我剛好要滿 50 歲。之後的我，教學、研究與論文發表，已成為我在校園生活的重心。日常運動也都以散步為主，希望有助於身體健康；平日靜思希望有助於沉澱所學；閱讀希望有助於增長智慧；書寫希望有助於對話機會。

　　散步、靜思、閱讀、書寫都是冀望自己的後半段人生，能走出更寬廣與更長遠的路。我喜歡北宋詩人曾鞏的這首〈城南〉詩，他是這樣描述的：「雨過橫塘水滿堤，亂山高下路東西；一番桃李花開盡，惟有青青草色齊。」在寫作的路上，我雖然沒有桃李花燦爛美麗的生命活力，但希望自己有如青草般樸素無華的生命耐力。

　　回溯 1978 年冬，我離開臺南的鄉下定居臺北溫州街，同時間也開始在金華街上班；1981 年夏，我因職位調動，辦公室先到木柵路 1 段，再轉到中山南路，期間又曾因舊大樓改建，暫改在杭州南路上班，等到新大樓落成再遷入，之後一直要到 2000 年 1 月，我的結束這階段工作，轉到位在桃園龜山的中央警察大學教書。

爾後，2004年暑假，我在羅斯福路5段與興隆路附近的蟾蜍山下買了新房子，才依依不捨的搬離居住長達25年的溫州街，但直到今天，我的北漂生活圈仍然都是以臺北城南的生活機能為主，對於臺北城南的人與事始終抱持一顆熱忱的心。

　　今（2024）年，臺灣南北的兩大城市都有慶祝活動，臺南市政府是慶祝府城建城400年，臺南市立圖書館辦理選書活動，推薦入選的拙作《臺南府城文化記述》、《流轉的時光：臺南府城文化風華》，與《紀事下茄苳堡：臺南府城歷史情懷》等三書。

　　臺北市政府是建城140周年，也讓我一個從臺南後壁偏僻鄉下小孩，來到繁華都市臺北溫州街的歷史文化記述，更顯得尤具意義。我的〔溫州街瑣記系列〕除了已經出版了《筆記與對話：臺灣百年雙源匯流文學的淒美絢麗》，《筆記與對話（續集）：戰後臺灣自由主義知識典範言論述》，和現在更有了此書《臺北城南印記：1978-2000年臺灣本土化與民主化的雙軌發展歷程》的再度與讀者見面。

　　我要藉此機會感謝方集出版社賴洋助董事長、李欣芳主編、陳亭瑜責任編輯和團隊人員的協助，提供了我在跨越古稀之年，仍然還有繼續出版著作的機會，這真是一件令人興奮鼓舞的事。是為序。

陳永青 謹識

2024年7月7日　臺北城南蟾蜍山居安齋

目 次

自 序 ……………………………………………………… i

第一部分 溫州街「名人居」印記 ………………………… 1

從臺南鄉下到臺北名巷 ………………………………… 3
張道藩蔣碧微與「中國文藝協會」 …………………… 7
郎靜山與林絲緞舞蹈社 ………………………………… 10
溫州公園景點加羅林魚木 ……………………………… 13
陳奇祿許水德謝瑞智的溫州街 ………………………… 15
曹永和與「臺灣歷史研究基金會」 …………………… 23
新生南路書店出版社 …………………………………… 26
藍乾章毛子水的通識治學 ……………………………… 36
殷海光故居的自由主義象徵 …………………………… 41
虞和芳〈哀悼胡適之先生〉詩 ………………………… 53
臺靜農的「歇腳庵」「龍坡丈室」 …………………… 57
英千里輔仁大學記憶 …………………………………… 61
傅斯年俞大維故居及其他 ……………………………… 64
孫運璿與臺電大樓 ……………………………………… 72
溫馨臺北小客棧 ………………………………………… 74

第二部分 金華街「月涵堂」印記 ………………………… 81

遠方鼓聲的不同步伐 …………………………………… 83

從剪報談金華街「月涵堂」························ 98
馬星野梅貽琦沈君山與清華大學················· 103
馬星野楚崧秋與中國新聞學會····················· 106
魏景蒙與陳薇的愛情故事··························· 111
蕭同茲蕭孟能與《文星》雜誌····················· 125
讀曾虛白《韓戰年代集》··························· 129
大病後心境轉折·· 137

第三部分　中山南路「中央黨部」印記············ 141
路在生命轉彎處······································· 143
教書與出書的聯想···································· 151
側記解嚴前蔣經國執政的本土化（1978-1987）············ 159
側記解嚴後李登輝執政的民主化（1988-2000）············ 195

第一部分
溫州街「名人居」印記

從臺南鄉下到臺北名巷

　　1978 年秋，我還在臺南市後壁區下茄苳老家附近的一所學校教書，比較有機會可以參與地方活動，也因為縣長楊寶發先生的厚愛，當時讓我接觸省主席謝東閔先生、前臺南縣議長戴再生先生、現任議長陳三元先生、中國國民黨縣黨部主委李讚成先生等地方重要人士。

　　到現在，我一直都妥善保存一張當時臺南縣長公家宿舍拍的照片，時間是 1978 年，蔣經國先生挑選當時的臺灣省主席謝東閔先生搭配總統大選前後。從這時間之前，經國先生推動「吹臺青」本土化政策，應屬第一階段；之後，楊寶發先生、李讚成先生等人應屬第二階段；第三階段也是最後階段應該已經是來到 1978 年年底之後的發展了。

　　我是在這一時間離開臺南教書，在親友滿滿寄望和祝福下，北上投入新的工作環境，落腳在臺北溫州街的小巷，展開我人生的另一段生活。是年 5 月，蔣經國、謝東閔就任總統、副總統；12 月，美國宣布與中華民國斷絕外交關係，致使預定進行的立法委員選舉不得不暫停。我何其有幸在國家政經面臨重大轉變的關鍵時刻躬逢其盛。

　　在臺南教書的這段時間，我與楊寶發縣長有了比較長時間的相處，我從他的為人處事學習了很多，也多多少少因此了解當時國家發展面臨的艱難與複雜環境。他鼓勵我再進

修，我也表達我亦正有此意，只是當時南部再進修的機會較少。

年輕的我，記得大學時期讀到美國文學家梭羅在《湖濱散記》的一段話：「一個人如不能追隨同伴的腳步，或許是因為他聽到不同的鼓聲，就讓他跟隨自己所聽到的音樂繼續前進吧，不管有多遠。」這句話深深地印烙在我腦海裡。

正如有些人步伐與人不同，那是因為他聽到了遠方的鼓聲。有次，楊縣長從臺北開會回來，說他有位「革命實踐研究院」國建班3期的同學，其服務單位有個缺額，希望找位年輕朋友來幫忙。楊縣長說他已推薦我去應徵，要我把履歷和發表過的作品一起寄過去。

等先審核資料通過，再作筆試，並且由該單位負責人馬星野主任委員面試通過後，我才束裝北上，於是那年的12月1日正式到職上班。之後，我也真正深入了解到當年蔣經國先生，為什麼要辦理「國家建設研究班」的目的，和他為培養未來國家政經人才的苦心，以及他經常下鄉親近地方人士的初心與深意。

當年經國先生在「革命實踐研究院」開辦國建班，主要是承襲他父親國民黨總裁蔣中正之前所辦理「黨政軍聯合作戰班」的成功經驗而來。在蔣經國主導和充分信任下，負責當年執行「革命實踐研究院」重要幹部訓練任務的承辦人，正是之後曾受拔擢擔任行政院長的李煥先生。

李煥先生當時可用「紅遍半邊天」的炙手可熱來形容，

他不但是國民黨的「革命實踐研究院」主任，同時身兼「中國青年反共救國團」主任，和國民黨「中央黨部一組」（後來改組為組織工作會）主任，可說是集這三個重要單位的職權於一身。

當年「革命實踐研究院」是負責訓練黨政軍警重要領導幹部的單位，在戒嚴黨國體制一體的時期，黨政軍警等重要職務的調升，幾乎都要具備有受過該單位訓練資格的人士來擔任。

「中國青年反共救國團」則是負責全國大專院校、高中學校的團務活動，在各學校、縣市也都分別設立青年救國團組織和青年活動中心，青年學生最想參加的是救國團舉辦的寒暑假的冬夏令營活動。1960 年代前後，當我們念高中的時候，同學大部分就都已有過參與了該團舉辦青年活動的體驗。

「中央黨部一組」，或是後來改稱的「組織工作會」，更是負責黨組織的選舉提名，和輔選的動員工作。在中央民意代表機構的資深監察委員、國大代表和立法委員尚未改選之前，所有各縣市長、省縣市議員等民意機構，和各農漁水利會等社會團體幹部，都要經由「中央黨部一組」，即是國民黨大陸時期的「中央組織部」，也就是後來所稱「組織工作會」來負責執行這項任務。

「革命實踐研究院」、「中國青年反共救國團」、「中央黨部一組」，這三個單位是蔣經國鞏固權力，重視政治菁

英，推動本土化的重要單位。李煥先生的擔任這三個單位的主任，一直要到 1977 年的縣市長選舉，因為爆發了「中壢事件」之後，李煥先生才被調離這三個職務。

我們檢視蔣經國自從 1971 年擔任行政院長以來，乃至於國民黨主席、中華民國總統的階段，他所重用的謝東閔、連震東、林洋港、邱創煥、李登輝，而後的張豐緒、連戰、陳奇祿、楊寶發等，乃至於「本土化」政策最後階段的全面提升地方基層黨務工作人員的素質，再再證實蔣經國「吹臺青」的「本土化」政策，是有助於中華民國與臺灣重大發展的連結。（2021-02-25）

張道藩蔣碧微與「中國文藝協會」

　　我會落腳在溫州街，主要是辦公室同仁的介紹，當時我對於當地的環境並不熟，但聽說它就位近公館的臺灣大學，即引發我的興趣，並前往了解屋況和居家附近的環境。

　　對溫州街鄰近臺灣大學的好感，始於我對於臺灣大學自由學風和學習環境的嚮往，可是臺灣大學對於我而言，真如俗話所稱的「校門太窄」，感嘆自己無緣能進入就讀。但我自青少年時期即閱讀胡適、傅斯年、殷海光、李敖等多位學人的作品，對於學術文化仍難忘情，想到可以選擇住在溫州街，也算是一種虛榮心的滿足吧！

　　記得自己高中、大學時期的閱讀胡適、傅斯年、殷海光、李敖等人的作品，也買了許多有關於他們和自由主義方面的著作，尤其對於《自由中國》和《文星》等雜誌的印象特別深刻。

　　諸如文星書店出版的《胡適選集》、《傅斯年選集》、《傳統下的獨白》、《胡適評傳》等等。尤其喜歡《傅斯年選集》收錄傅斯年在《自由中國》雜誌上的談論〈自由與平等〉，與《大公報》〈羅斯福與新自由主義〉等多篇的評論性文章。

　　傅斯年先生承襲胡適先生的自由主義思想，其與曾任國防部長俞大維之間的親戚關係，以及俞大維先生在「八二三

炮戰」中的表現，他們倆人都曾住過的臺灣大學校長宿舍，都讓我對溫州街當時的名聲產生了一些連結。

最後決定買房住居溫州街的另外重要原因，是它位置在羅斯福路、新生南路和辛亥路的交叉點附近，交通便利。當時內人上班的地點就在溫州街對面的羅斯福路上，而我要到金華街「月涵堂」辦公室上班也只要一趟公車即可抵達。

1980 年代前後的溫州街，沒有如現在已經興蓋完成的臺電大樓、臺北信友堂，和溫州國宅等比較具代表性的明顯建物。尤其溫州國宅當時還是臺大教職員的宿舍，是日治時期留下來的日式建築居多。

印象中當時比較顯目的大樓，只有在羅斯福路三段 281 號附近的羅斯福路大廈。當初我對這棟大廈沒有特殊的印象，可是在我住溫州街後不久，有天我路過這棟大廈，我心想這裡面到底是住了哪些人家或公司行號，於是我特別走近仔細看了一樓層所掛住戶的牌板，赫然發現「中國文藝協會」字樣的名牌。

「中國文藝協會」突然讓我回憶起 1970 年代初期，我在大學念書的時候，因為喜歡閱讀和買書。記得有一年的書展，我已經記不起來舉辦的地點是在耕莘文教院，或是在羅斯福大廈的「中國文藝協會」，但是那場文藝性質的書展，還吸引我特地從新莊的輔仁大學宿舍，輾轉乘車趕到溫州街這附近的地方來。

後來也因為張道藩曾任「中國文藝協會」理事長的這層

關係，我腦子裡有了張道藩這位政治與文藝人物的印象。巧的是在一個偶然機會，聽到與我住同棟公寓，曾任蔣彥士秘書長的錢仲鳴秘書，他告訴我當時有關張道藩擔任立法院長時，與蔣碧微女士就住這裡，更讓溫州街這裡令人有更多的好奇。我在《近代名人文化記述》，和《筆記與對話：臺灣百年雙源匯流文學的淒美絢麗》都還特別詳細敘及。

張道藩與蔣碧微剛到臺灣來的時候，有一段時間，他們是一起住在張道藩擔任立法院院長住的日式房子，這正是溫州街 96 巷 10 號。他們更妙的是一個大門，右邊門牌掛「張道藩寓」，左邊掛「蔣碧微寓」，很容易就被人聯想，形容他們是過「神仙生活」。

張道藩蔣碧微與徐悲鴻之間的複雜愛情故事，早已在政治文化圈傳聞已久。尤其《蔣碧微回憶錄》上篇寫的是《我與徐悲鴻》，下篇寫的是《我與張道藩》的愛情描述。

特別是在這篇〈卻道海棠依舊〉的晚年回憶文字，真讓人會「問世間情何物」？也更人對照聯想張道藩與蔣碧微他們兩人來臺之後，一起住在溫州街生活的這段「悲滄歲月」來。（2021-03-04）

郎靜山與林絲緞舞蹈社

現在羅斯福路三段 283 巷，在 30 多年前的景點，除了溫州公園，和臺電宿舍內的加羅林魚木等這兩個地點最為有名氣，特別引起大家的注意與興趣。

這棵醒目又美麗的加羅林魚木，當年是種植在臺電公司宿舍的圍牆內，隨著知名度的打開，吸引許多賞花者和攝影師來此地。現在已不再專屬於臺電公司的獨享，而改為公共空間的提供大家可以自由觀賞活動，和備有座椅成為可以休閒的景點。

溫州公園近年來的加以整理和美化，更是讓溫州街成為臺北市區重要方位的指標之一。猶記得當年內人坐月子期間，家父從臺南後壁下茄苳老家上臺北來探望他三媳婦和孫女。

當下車轉搭計程車時，家父向計程車司機說「溫州公園」，或許是因為家父受日本教育，講的是臺灣國語，司機竟然將家父直接就載到「恩主公」（臺語行天宮的稱呼），我們得費一番工夫向司機解釋清楚後，家父和他特地攜帶上來，而且已經過處理乾淨好的七隻雞，才得以順利抵達溫州街的家。

我住 283 巷的期間，有天在附近的一棟公寓樓上掛著「林絲緞舞蹈社」的招牌，讓我想起 1960 年代中期我念高

中時候買林絲緞小姐寫的《我的模特兒生涯》。這書 1965 年由「文星書店」出版，而當年我對於這位勇於挑戰社會，開國內專業人體模特兒風氣之先，後又習舞蹈的傑出女性，印象極為深刻。

　　2009 年 6 月 7 日《中國時報》刊出，林絲緞小姐接受專訪的記述，林絲緞說 20 幾年前，她在溫州街開設舞蹈教室，以啟發式舞蹈為特色。這時候我也才更深入了解，她在夫婿李哲洋於 1990 年過世之後，她將李哲洋遺留下來的音樂史料七十大箱捐給藝術學院（今臺北藝術大學），來嘉惠有志於臺灣音樂歷史研究的後繼者。

　　以此推算，「林絲緞舞蹈社」這時間正是 1980-90 年代，我家住溫州街的時期，只是我家小孩沒有從林絲緞老師的學習舞蹈，而是在住家附近武功國小的老師家學書法、鋼琴等其他方面的才藝課程。

　　林絲緞《我的模特兒生涯》中有段文字：

> 攝影界要想徵求一個模特兒都還不是一件容易辦到的事。當時，我在雕塑家楊英風先生那裏兼職，他誠意的要求我為一位很有聲譽的攝影家服務，我總算答應了，這就是我進入攝影界的開始。我第一次替他服務的這位攝影家，就是那位以奇特技法聞名於世的郎靜山先生。

上述這段文字敘述的時間，當是 1960 年代前後發生的事。1970 年代後期，乃至於 1980 年代我從住家走出來，繞過溫州街加羅林魚木往臺灣大學校園的路上，特別是在 86 巷附近，我經常可以遇一位總是一襲青衫，或是長袍馬褂，他的這身穿著和獨特相貌，加上蓄鬍，從遠而近的擦身而過，很容易一眼就可以認得出來是攝影大師郎靜山先生。

　　我想我可以確定這時期的郎先生曾住過溫州街，但我不能確定他是住溫州街 86 巷的公寓，或是臺灣大學教職員宿舍所改建的國宅大樓裡。記憶中我家小孩學繪畫的麥老師（其家人開設老麥攝影社）授課地點，就在臺大教授宿舍改建的溫州國宅大樓裡，偶爾會看見郎先生在附近進出。

　　郎靜山先生是以中國山水式的集錦攝影著稱，1949 年來到臺灣之後，也拍了許多當時黨政軍、商、社會文化各層面的名流名士，如張大千與蔣經國、溥心畬與京劇名伶焦鴻英的合影，特別是拍攝一幀著名電影明星李麗華的嫵媚照等等。

　　相較於郎先生的拍攝林絲緞照片，許多人因為從來沒有見過郎先生有半裸女的作品，就對林絲緞上述的話懷疑起來，林絲緞自己想這也許是當時因為限於經驗，未能使郎先生完成一幀理想的作品的緣故。（2021-03-08）

第一部分
溫州街「名人居」印記

溫州公園景點加羅林魚木

1980-90 年代的溫州街 96 巷，是我最經常走的一條路線，後來因為辛亥路與羅斯福路交叉口附近的擴寬工程，和高架橋的興建完成之後，該巷現在已改為羅斯福路三段 283 巷 19 弄了。

當年我從現在羅斯福路上三段的 283 巷子走進去，記憶中重要與飲食有關的餐館，最先看到是右邊一家名叫「阿里港」的攤位，肉羹麵是招牌，我通常是點了一碗，再切一盤滷的海帶、豆干和一顆蛋，更理想的是再來一碟燙青菜。

「阿里港」攤位往前走幾步的斜對面，就有一家緊鄰溫州公園的「蠶居」和賣水餃的館子。這是一家北方館子，是我們一家四口都喜歡的餐館，點了水餃，加上館子備有的一小碟薑片和醬油，也算飽食一餐。

走過溫州公園，在著名景點臺電宿舍加羅林魚木（Crateva religiosa）對面公寓的一樓，有家沒有取名的早餐店，名叫「阿玲」的廚藝不錯，特別是她做的飯糰。有回老闆告訴我一個有趣的事，當年小女念臺灣大學時，有時候會買好幾個飯糰帶到學校，原來是她經濟系上同學要她幫忙訂購的。

這家早餐店斜對角，當公家宿舍改建國宅之後的第二棟，也開了一家名「綠洲」的早餐店，我喜歡這家老闆親自

13

煎做的蛋餅，和自製的豆漿。再隔壁棟有家賣肉丸的攤位，老闆夫婦來自宜蘭，待人滿親切，有回女老闆特地小聲告訴我，國宅搬來一位著名女立委陳文茜小姐（時任代表臺北市南區選出的立法委員），有時候會點這家肉丸，拿進屋裡食用。

走過這國宅再往下走去，就會到了溫州街 52 號，也就是陳奇祿教授住家前的三角型小公園。在對面不遠處的靠近辛亥路高架橋旁，開了一家名叫「厚賓」的麵包。

我光顧這家麵包店的次數最頻繁，小孩上可愛幼稚園和古亭國小時期，我幾乎每天一大早就會買這家剛出爐的肉鬆麵包、奶油麵包等，當作小孩的早餐。有時候，小孩子吃麵包，偶爾我會到旁邊有家鐵皮屋榮民賣的山東大白饅頭。

我可確知的是這家賣白饅頭的鐵皮屋已經被拆了，厚賓麵包店也關了，阿里港肉羹麵的招牌也換了，而且攤位也不再緊鄰羅斯福路口，而是搬進更接近溫州公園的地點。

現在 283 巷取而代之的新開館子，大都屬許多國家不同風味特色餐廳，成為名符其實的飲食街，而再再凸顯溫州公園與加羅林魚木的景點，「溫羅汀園區」的文化內涵更是有看頭了。（2021-03-09）

陳奇祿許水德謝瑞智的溫州街

住溫州街的陳奇祿先生在臺灣大學教書,講授《人類學概論》,我久仰大名。因為他與我同是臺南人。我們同住溫州街。加上他與臺南縣長楊寶發的互動關係良好,我也了解他們都是當年蔣經國推動「吹臺青」本土化時期所刻意培植的政治菁英。

我審修拙作【元華版】《臺灣政治經濟思想史論叢》套書,特別參考了陳奇祿《民族與文化》提到:1948年5月,他應李萬居主持的《公論報》,主編「臺灣風土」專版,直到他 1951 年赴美進修。陳先生這段秉持中華文化的論述臺灣風土思維,和他與李萬居先生共事的經歷。這段重要資歷也奠定他後來被蔣經國、李煥先生的不次拔擢有關。

詩人周伯乃先生,他曾告訴我一段他追隨陳奇祿先生回憶的略述:

> 陳奇祿先生從政也晚,算是李煥先生的人,曾任救國團顧問,從臺大教授轉任國民黨中央黨部副秘書長,是民國65年,已經53歲了。那年我受張秘書長寶樹之命,擔任陳奇祿副秘書長的機要秘書。後來跟隨陳奇祿轉任行政院顧問的擔任秘書,同時兼任《中央日報》副刊編輯。

陳奇祿 80 大壽接受《中國時報》記者訪問時曾感嘆說：

> 離開臺大教職到政府工作，是個大損失。在學術上最得意的事情是開「臺灣研究」先河，次是對臺灣原住民物質文化的探索。

在 80 大壽餐會，周伯乃、莊芳榮等故舊門生還為陳先生出版了紀念集。另外，中央研究院替他出了一本口述歷史！

周伯乃回憶：

> 陳奇祿一生都很重視他的學術地位，如中央研究院院士。如果他不從政，可能會當上院長。陰錯陽差，經國先生批准他接閻振興的臺大校長，但那年有世界性的學術會議在哥斯達黎加召開，而臺灣三位校長代表包括：大學校長閻振興、職業學校校長趙筱梅、中學校長崔德禮，如果六月一日辦理校長交接儀式，閻先生、陳先生都沒有資格，失去重要一席，臺大乃臨時換了退休教授虞兆中去接校長。這也才有陳奇祿後來接任文建會主委，並在他任內協助完成經國先生推動十大建設的其中一項，有關負責執行各縣市興建並成立文化中心的重大政績。

2004 年之後，我搬離溫州街。有一天我回到溫州街，正準備從臺電大樓捷運站搭車回萬隆，在出口處巧遇曾是陳奇祿先生擔任文建會主委期間，特從行政院研考會借重調來文建會擔任科長，後來曾出任臺北市政府民政局長和國家圖書館館長的莊芳榮，他手上提著一盒萊楊桃酥，說趕著前去探望老長官陳奇祿主委。

從芳榮兄的口中我才得知陳先生亦早搬離溫州街住所，大部分時間在內湖民權東路六段，有時候會住在忠孝路三段，偶爾也會住淡水的家，我想這都是為了老人家生活上照顧的方便。陳先生 1923 年出生臺南將軍鄉，在 2014 年 10 月辭世，享壽 86 歲。

陳奇祿先生父親陳鵬先生，早年在福建、上海等地經商，外祖父鄭少卿為出身中國浙江紹興的書法家，父母親為日治時期（1895-1945）高級知識分子。這是非常特殊的家世背景。

尤其是，陳奇祿先生青年時期在香港求學，後來入上海聖約翰大學、英國倫敦大學、日本東京帝大，念的是政治；入臺大任教才改人類學，並專攻臺灣土著文化；成為人類學系名教授！

陳奇祿先生與吳三連先生同鄉，也曾擔任過吳三連基金會董事長。吳三連先生，是陳先生母親的學生，也是他父親的同學，身分很特殊，交情非淺！據周伯乃先生的回憶：

陳奇祿先生任中央黨部副秘書長時，中央月刊需要廣告費，他出面在中山北路與南京西路附近餐廳，由吳三連代邀一桌客人，當場有人響應！可見他們私交不錯！陳先生在臺南縣，不僅獲得地方人士所謂「山派」的敬重，也贏得「海派」人士的推崇。

陳奇祿先生與張若女士的證婚人是傅斯年，他的岳父為張山鐘先生。1951 年，張山鐘先生角逐第一屆屏東縣長選舉，當選首屆民選縣長。1952 年，蔣經國成立「中國青年反共救國團」時要籌措經費，由當時救國團副主任謝東閔出面向張山鐘勸募，獲得張山鐘的答應支持。

張山鐘當年亦響應政府的「三七五土地改革」，曾讓出土地價格換算嘉新水泥股份股票，以支持政府的土地政策和協助推動開放民營企業的發展！張山鐘曾擔任省府委員。第二屆縣長選舉時，張山鐘一度有意與林石城一戰。最後被臺灣省政府勸退。

張山鐘主導屏東縣張派所擁有的群眾基礎，對其兒子張豐緒先生的仕途影響非常大，當屬蔣經國「吹臺青」本土化政策培植的對象，尤其是擔任了臺北市長一職。

我住在溫州街 96 巷，後來改稱羅斯福路三段 283 巷的期間，有天我們巷裡突然增加一座小警衛亭，並 24 小時有警察負責輪流守衛，我才發現這巷子住進了剛調離高雄市長轉任臺北市長的許水德先生。

當許水德先生享壽 91 歲辭世的消息傳來，當時我正在整理資料與撰寫〈溫州街瑣記〉的專欄稿子，我停了靜下來片刻，讓自己腦子裡的思緒重新做了整理。

猶記得當許水德於 1985 年發布擔任臺北市長時，我已經住進了溫州街有一段時間了，但之前我完全不知道許市長有房子與我同在一個巷子裡。當時溫州街 96 巷已經改為羅斯福路三段 283 巷了。

許先生從高雄市長調任臺北市長過後的不久，我發現我們巷子裡的附近不時有警員走動，而且巷子還增設了一座小警衛亭，24 小時都有警察輪流守衛。請教了警衛之後，才證實臺北市長許水德就與我們同住在一個巷子裡。

我感到納悶的是，許市長當時為什麼沒有搬進住臺北市長的官邸，我迄今不知道原因。但我清楚當時他住溫州街的房子並不寬敞，我推測室內空間應不到 30 坪。以市長身分住這房子常似乎小了些，當時報紙也做了許多有關許市長從小環境困苦，和他求學過程中如何奮發向上的訪問與報導。

許市長住在溫州街的時間並不長，我不知道他就是否搬進了市長官邸，但聽說他後來買了一家有名建設公司所蓋的房子。許市長溫州街的房子是否變賣不得而知，但他屋前一棵櫻花樹開的櫻花，到了開花季節依然綻放如故。

許先生一生擔任過許多重要職位，每次我聽到他調動官階的消息，總覺得他是政治上的長青樹，真是「不倒翁」。許先生在擔任臺北市長之後調任內政部長。1993 年，再調

任國民黨中央黨部秘書長,當時我們在辦公室最常聽到的是他常掛嘴邊的「水車哲學」,而且辦公室同仁幾乎人人一冊在手。

許先生的「水車哲學」,有如連震東先生所提倡人生努力要學低著頭猛踩腳前進的「踩腳踏車原理」。許先生形容人生就像踩水車,水車一半在空中,一半在水裡。空氣就像理想,水就是現實,只有兼顧兩者、努力地踩,腳踏實地,事情才能圓滿順利進行。2019 年,他發表《感恩的故事:許水德八十八歲憶往》的新書,還再三強調他人生一直的秉持「水車哲學」。

許先生亦曾經擔任駐日代表,2015 年並獲得日本天皇頒授最高榮譽的「旭日大綬章」,以表彰他促進臺日交流的貢獻。我現在每星期到關渡臺北城市科技大學授課,總會欣賞許先生應學校董事長鄭逢時之邀請,在該校商管大樓應用外語系教室前懸掛「日本研究中心 許水德題」的一幅木匾牌子。

許前代表曾在致詞說:

> 臺灣大學、政治大學他們的日本研究是學術性的政治經濟方面的專業研究,而城市科技大學的「日本研究中心」是專注在對日本食衣住行的生活文化研究,這與國立大學的日本研究是有很大區別的。

這就是許代表對於日本的了解，所以勉勵臺北城市科技大學日本研究中心應該要朝這方面深入研究，這才是日本研究中心的重點。

說來我真「三生有幸」。一是我有幸與許先生住過溫州街同一巷子的鄰居，生活安全受到比較特優的保障；二是我有幸與許先生在國民黨中央黨部同事，身受其「水車哲學」影響；三是我有幸同許先生為臺北城市科技大學的培育青年學子奉獻心力。

謝瑞智先生早期住過溫州街，他是住靠近師大路的溫州街頭，我是住在靠近羅斯福路的溫州街尾。我們認識的時候，當時他還是在臺灣師範大學擔任教授。我們同是來自臺南鄉下，他出生於今臺南市麻豆區，我老家則是臺南後壁。在李雅樵先生、楊寶發先生先後擔任臺南縣旅北同鄉會理事長期間，我們在餐會上也經常見面，和聊起家鄉的事，我受教很多。

謝瑞智先生的學術地位與著作等身，是國內憲法學的權威，長期以來受到各界的肯定。他的憲法大作，如《憲法新視界》一書，特別提到憲法與人生及人性分析、修憲的方向如何掌握、民進黨關心的修憲內容、我國過去修憲的內幕、臺灣前途與兩岸關係等重要議題，都攸關當年修憲的重要議題。

另外，他還出版有《般若心經的激悟》、《善惡之間》等有關人生修養系列的作品，關心我們如何在日常生活中認

清犯罪的陷阱,並洞悉其界限及本質?他特別以趣味性的筆觸做深刻的剖析,引領社會大眾一探法律的奧妙。

謝瑞智校長後來搬離溫州街,遷到師範大學附近金山南路的新居。2000 年 8 月,警察大學校長任內屆齡退休。2012 年過世,享年 78 歲。(2024-07-04 修稿)

曹永和與「臺灣歷史研究基金會」

我住的溫州街 96 巷後來改稱羅斯福路三段 283 巷 19 弄，在 2000 年前後就在我們同一個巷弄裡，有一天我突然遇到我久仰的臺灣史專家曹永和院士，我心想他怎麼會到我們的這巷弄裡來，我不明所以然。

可是過了幾天我又遇見曹院士，和幾位年輕學生從 6 號 1 樓的大門一起走了出來。當時曹院士看起來身體還硬朗，他本來就是瘦瘦小小的身材，但是以他的年紀來說，走起路來還是非常的穩健。

1978 年，我剛住進這裡的時候，6 號的這棟淡黃色 7 層電梯大樓還未興建，施工的初期我們夫婦想了解房價，還特別問了正進行工程的人員，得到的答案是 1 樓住家是老闆的自家保留戶，其他樓層也大部分是老闆的至親好友預訂了。後來 2 樓的一戶人家，先生在財政部，太太在臺電公司，他們的兒子與我家女兒正巧是古亭國小的同班同學。

這棟樓層與當時溫州街巷弄的附近住家做比較，已經屬於比較高級的住宅了。興建完成之後，各樓層住戶也都紛紛住進來了，可是我注意到 1 樓一直空著，並沒有住戶搬進來。後來聽說有陣子是老闆自己住，但時間並沒有很長。

2004 年，在我未搬離此處之前，我就經常會遇見曹院士由一群學生陪著從自家走出來，我想應是學生到此接受曹

院士的講課,和做相關專題研究的討論,以及資料的整理出版。

我因為早期即對臺灣政治經濟發展的歷史很有興趣,我在住進溫州街之後的不久,我就經常到新生南路的「聯經書店」看書買書,曹院士的二本大作《臺灣早期歷史研究》和《臺灣早期歷史研究續集》,其「臺灣島史」觀點對我的諸多啟發,早已是我撰寫相關論文的重要參考著作。

曹院士學歷只有中學畢業,他自開始在臺灣大學圖書館擔任助理員,一路到圖書館主任,圖書館成為他的研究室。曹院士精通日、西、荷等多種語言,以海洋史角度看臺灣歷史發展,擺脫漢人開發史的框架。65 歲才開始在臺大任教,一直到 90 歲退休,其自學與教學精神,一直是我學習和敬佩的學人。

曹院士自 1999 年 7 月成立基金會以來,其會址設在羅斯福路三段 283 巷 19 弄 6 號 1 樓。我注意到該財團法人曹永和文教基金會,出版了多種學術性著作。我後來買了該基金會 2005 年 11 月出版陳國棟《臺灣的山海經驗》,和 2007 年 2 月鄭惟中翻譯歐陽泰(Tonio Andrade)《福爾摩沙如何變成臺灣府》等書。

特別是我在審修我的【元華版】《臺灣政治經濟思想史論叢》的期間,我又參考了 2011 年曹院士的《近世臺灣鹿皮貿易考》。上列著作對於我在臺灣政經思想史,和臺灣警政治安史等領域的研究獲益甚大。

2014年，曹院士過世，其家屬即在其羅斯福路自宅1樓設置靈堂，供人瞻仰。曹院士的自學典範一直是我學習的榜樣。（2021-03-10）

新生南路書店出版社

1978年冬末,至2004年夏初的這26年間,其中後期的2000年至2004年,我要到臺灣大學的新生南路旁搭乘學校交通車,以便到位於桃園龜山警察大學上課之外,主要還是隨著兩位小孩的出生與長大,我們家人一起到臺大校園散步或運動等休閒的活動。

當時候我從住家的283巷19弄的走出來,到巷口我都會刻意向右轉的選擇從這棵加羅林魚木邊邊走過。不管加羅林魚木是在繁花盛開的英姿時刻,或是在風華落盡的枯木期間。

繞過加羅林魚木的左轉,便是聞名的溫州街86巷,再繼續往前的直行,即會到達與新生南路的交叉口。這是我住在這裡的一段期間,我們除了可以享受臺灣大學校園的優美環境之外,而我最經常也喜歡獨自光顧的地方就是「聯經書店」和「桂冠書店」。

現在的「聯經書店」與1980年前後的迄今,變化並不大。我買的書除了與臺灣政經史發展有關的書籍,以及曹永和院士出版的著作之外,胡頌平《胡適之先生晚年談話錄》、余英時《中國近世宗教倫理與商人精神》等,也都是當時在聯經書店購買的圖書。

後來縱使我搬離了溫州街,但我還是會經常回到聯經書

店看書和買書，例如我後來又買了曹院士的《近世臺灣鹿皮貿易考》，以及余英時由聯經出版的《重尋胡適歷程：胡適生平與思想再認識》等學術性的著作。

「桂冠書店」的相對來說，其經營和財務就坎坷多了。我與「桂冠書店」的結緣，起於我早期在中國文化大學應行政管理系主任林忠山博士之邀，擔任講授「管理學概論」的課程。

當時我指定學生的參考用書，便是「桂冠書店」翻譯出版的彼得・杜拉克《管理學導論》一書。另外，我在政治經濟學領域的重要參考書，也是「桂冠書店」列入的【桂冠政治學叢書】，由蕭全政教授撰寫的《政治與經濟的整合》學術性著作。

如今的「桂冠書店」，隨著國內環境變化和出版業的不景氣，在老闆賴阿勝的辛苦慘澹經營之下，仍不敵市場和財務的壓力，只得搬回老家苗栗繼續苦撐，最後也因賴老闆的過世而結束營業，令人不勝唏噓。

我走在解嚴前後的溫州街與新生南路三段附近的書店，除了主要的「聯經書店」和「桂冠書店」之外，當時「誠品書店」尚未在此設立門市部。然而，現在的「誠品書店」，以其新穎經營方式，和寬闊舒適空間的後來居上，成為新生南路上最耀眼的一家書店。

1970年代，即已在此附近設立的出版社，我印象比較深刻的有位在羅斯福路3段333巷14號2樓的「四季出版

事業公司」。當臺灣還處在戒嚴時期的 1979 年 9 月,該公司出版了《李敖文存》(一、二集)。我也買了 1980 年 11 月黃年寫的《臺灣政治發燒》的時事論文集。

　　當時李敖的作品大部分是熱賣品,讀者通常會擔心李敖的書又會被禁。所以會搶著採購。我猶記得當時我買《李敖文存》的主要誘因是:《李敖文存》(一集)中有篇談論〈「蔣廷黻選集」序〉的長文,和一篇〈「左舜生選集」序〉的文字,以及《李敖文存》(二集)中有〈胡禍呢?還是禍胡呢?〉、〈胡適和三個人〉的二篇談論有關胡適的文字。

　　溫州街的地理位置非常適中,不管是來自羅斯福路或是新生南路的過客,或是時有大學生情侶來到溫州公園,坐在樹陰的石椅上聊天。

　　1980 年代前後,臺灣還是處在戒嚴時期的階段,尤其 1977 年臺灣縣市長選舉中,國民黨在桃園縣長選舉投票過程中爆發作票爭議,引發中壢地區市民的激憤抗爭,群眾包圍中壢分局、搗毀並放火燒毀警察局,最後導致警方開槍打死群眾的「中壢事件」。

　　「中壢事件」之後,臺灣開啟了所謂「街頭抗爭」的運動風潮。1978 年 5 月,蔣經國新上任總統大位,12 月美國與中華民國斷交,進行中的立法委員選舉暫停。1979 年 12 月 10 日國際人權日爆發了「美麗島事件」。

　　接踵而來的一連串街頭抗爭,當時靠近溫州街的羅斯福

路上，當年靠近臺灣大學附近路邊上尚未興建大樓之前的幾家矮房子書攤，是銷售禁書雜誌和書刊的熱門焦點路段，也開始出現一窩蜂創刊與被禁的雜誌與書刊。

這時候的《大學雜誌》早已被當時所謂的黨外雜誌，諸如《臺灣政論》、《這一代》、《前進》、《蓬萊》、《美麗島》等雜誌，以及 1980 年代替美麗島事件中被告投入選戰的家屬，1981 年地方選舉參與辯護律師的投入選舉並當選，黨外聲勢顯得越來越高漲的趨勢。

當年每當我走過這些書店攤位總要翻翻和瀏覽這些黨外的刊物，除了《臺灣政論》和《美麗島》這兩份雜誌，我偶爾也會買回家閱讀。當時還有最特別是李敖，分別由四季、桂冠、天元等出版社出版的《李敖千秋評論叢書》、《李敖千秋評論號外》、《萬歲評論叢書》，我幾乎每期購買。

李敖出版的單本雜誌書，由於批發日期受到許多因素的牽制，導致書店擺出來銷售的時間不一定。所以每月的初一，或是走過書店的攤位總還會問問老闆，李敖又有新書出版嗎？老闆最經常回答的答案是「有」，但被警總禁了，現在書店裡已沒有存書了。

柏楊當時也正由遠流出版社發行【柏楊版】《資治通鑑》，每月一冊，陸續出版全 36 冊，當時也造成一股購買熱潮，我當然也不落人後。有關我對於李敖和柏楊著作的文化記述，我都已收錄在拙作【元華版】《臺灣政治經濟思想史論叢（卷六）：人文主義與文化篇》。

另外，當時還有比較偏向國民黨言論的【風雲論壇社】出版的風雲書系《蔣經國浮雕》、《透視黨外勢力》等書，以及我印象中還有正位在溫州公園對面書店販售專業性的雜誌和【藝術圖書公司】。

相對於羅斯福路段的購書人潮，就顯得冷清多了，甚至於現在附近的樓下店面都已被改開餐館，溫州街成為名符其實的飲食街了。

另外，有家出版社位在新生南路三段 88 號 3 樓之 1 的「時英出版社」，當時已是 1987 年解嚴之後的 1992 年 4 月出版了黃德福《民主進步黨與臺灣地區政治民主化》，和 1995 年 9 月蕭全政《臺灣新思維：國民主義》等有關臺灣政治發展的著作。

特別是在比較後期的時間才在羅斯福路 3 段 283 巷 14 弄 14 號開業的「南天書局」，我在 2004 年搬離該巷之後，為了完成《臺灣治安史略》一書，還特地回到舊家的同巷子這家書店，花了近一萬元，買了全套日文版《臺灣總督府警察沿革誌》。

我在溫州街附近的「四季出版公司」、「時英出版社」和「南天書局」等三家出版社所買的上述多本著作，當我在審修《臺灣政經思想史論叢》的各出版有紙本書、電子書和簡體版的作品時，這些書刊都成為是我案頭上的重要參考文獻。

從原溫州街 96 巷，後因為辛亥路擴建而變更為羅斯福

路 3 段 283 巷 19 弄的地理位置，其與進出羅斯福路、新生南路和辛亥路的距離作比較的話，是以走到辛亥路上為最近的距離，亦成為是我們家人經常出入的一段路程。

　　我從舊居走出的鐵製大門向左轉，不到 50 公尺就會碰到以前是糧食局公家宿舍，因辛亥路的擴寬，很快就被改建成面向著辛亥路政府單位的一棟大樓。

　　這時候我有兩個選擇，是選擇向右轉或向左轉的直行再稍繞道之下，都可以順利走到辛亥路上。當我選擇向右轉直行時，我左手邊沿著的即是由糧食局宿舍改建大樓背面的整排住家。我後來遇到這整排住家一樓的一戶人家，他說他是在交通部服務，而巧的是他與我還同是來自臺南縣後壁鄉的北漂青年。

　　這房子是因為他具中央政府單位服務的身分，並在抽中之後花錢買下來的。我的這位同鄉李龍文先生，與我年齡相近，印象中他是交通大學畢業，在我 2004 年尚未搬離了溫州街的期間，我們還互有來往，後來他曾出任民航局局長一職。當我們家兒子有學期念師大附小的幼兒園時，我們會經過他家門前，繼續直行到「厚賓麵包店」左轉，再越過辛亥路高架橋下，經新民小學、連雲街，到師大路附近的師大校園學區了。

　　當我選擇向左轉的直行時，在走不滿百步地方就會與羅斯福路 3 段 269 巷成「T」字形。我面對的樓房 1 樓，現在開設的正是「雙葉書廊」。這時候我可以左轉走到溫州公園

前的右轉,即到羅斯福路上;我也可以右轉的稍前走幾步再左轉,即到羅斯福路與辛亥路交叉口的現在「諾貝爾大廈」,經此越過辛亥路,到達古亭國小,這也是我們小孩念該小學時候的必經之路。

我們知道「雙葉書廊」,早期以經銷「文星雜誌」和「文星叢書」出名。1970 年代之後,擴大成為供應國內大專院校教科書、圖書進口公司,和專業書籍的出版社。現在「雙葉書廊」並不採取書店門市的營業方式來擺設,2004 年我在未搬離溫州街舊家之前,曾走進「雙葉書廊」的探詢相關書訊,承蒙贈送《經濟思想史》(History of Economic Thought)一書。

這書也是當年我在臺北教育大學社教系兼課的主要參考書之一,更是我在審修【元華版】《臺灣政治經濟思想史論叢(卷一):資本主義與市場篇》的其中一篇〈近代經濟思潮與臺灣經濟特色〉,和政治經濟學通識課的重要參考著作。

「臺灣的店」小書屋。對照戒嚴前後的溫州街,在其分別與羅斯福路和新生南路上書肆的最大區別,羅斯福路上的小書攤凸顯在戒嚴時期被警總視為「禁書」的私下流通市場;而新生南路上的書店則出現解嚴之後各種類圖書的公開銷售市場。

平常時候,我會從羅斯福路 3 段 283 巷 19 弄 17 號的公寓門右轉走出來,如果在 19 弄口不選擇右轉,從加羅林魚

木的溫州街 86 巷直行，到新生南路，我就會在「特別時刻」到了 19 弄口的繼續向前直行，走在臺電宿舍與溫州國宅之間的巷子；或是一到弄口便左轉再朝往國宅與改建好臺大教職員宿舍公寓之間的巷子，皆可以同是走到新生南路。

我所謂的「特別時刻」，就是星期例假日的早晨，當小孩不用上學而可以睡得比較晚起的時候，我們全家會直行的在一家名「綠洲」的早餐店，食用豆漿、蛋餅和臺式的蘿蔔糕等。從「綠洲」早餐店繼續直行可以走到新生南路三段的「臺一牛奶」吃冰品，和買元宵冬至的湯圓。

有些時候的「特別時刻」，是指到弄口便左轉的再朝前述國宅與臺大教職員宿舍的巷子，就有一家小矮房子的家庭式理髮店，老闆是一對夫妻和僱用的一位年輕師傅，三位都是屬重量型身材。

當我們家男生一起去理髮的時候，通常是男老闆親自操刀，如果遇到客人多，偶而也會輪到年輕的胖叔叔，但他手藝就比不上老闆的俐落了，若是客人再多，必須由女老闆「下海執髮」，我們家當時尚幼的弟弟看到「巨無霸」拿起剪刀時的那一刻，總會露出「驚恐」怕怕的表情而抗拒。

此外，在緊鄰的另一巷子，開著有家名叫「菊日本料理店」。如果以當時該日本料理店的消費金額水準來衡量，我光憑月薪收入，是有點困難支應我們家四口常去這家店消費，還好我們家有位不喜歡吃海鮮類食物的小孩。

不過，這家料理店對面的「臺灣的店」小書屋，專售有

關臺灣歷史與文化方面的書刊，倒是我常獨自去買書的地方。之後也因為南天書局、唐山書店等陸續地在溫州街附近設立了門市，讓我多了許多光顧的處所。

1987 年的解嚴後，和 1992 年廢除動員戡亂臨時條款的時刻，我在「臺灣的店」買了【澄社報告 1】《解構黨國資本主義——論臺灣官營事業之民營化》，以及克寧出版社於 1995 年分別出版姜南揚寫的《臺灣大轉型—— 40 年政改之謎》，與若林正丈、劉進慶、松本正義編著的《臺灣百科（增訂版）》等書。

上述的三本專業性著作，對於我在研究臺灣政經史，特別是在審修《臺灣政治經濟思想史論叢》，當我論及戰後臺灣政經體制變遷的文字時助益甚多。

我在「臺灣的店」找書、看書，因其屋內空間並不大，又沒有提供可以坐下來舒緩腳酸的地方。這時候的我，偶爾也會選擇走進附近在新生南路三段 16 巷 1 號，名為「紫藤廬」的一家小館，坐下來喝茶略作休息。

「紫藤廬」是遠近馳名的一座二層樓日式建築，門外附有小小庭院。「紫藤廬」原地為日治時期臺灣總督府官員淺香貞次郎的宅邸。戰後由政府接收做為當時擔任關務署署長周德偉的公家宿舍，並雅其名為「尊德性齋」。

1950-60 年代，臺灣還是在實施嚴格經濟管制的時期，時任經濟部長兼中央信託局局長的尹仲容，他首先提倡「計畫式自由經濟」思想，並規劃、執行進口替代與出口導向政

策。

　　周德偉肩負的正是國家關稅措施的重責大任，而他住居「尊德性齋」的期間，也正是協助經濟部長尹仲容主持「外匯改革方案」，和其指導林鐘雄等學生的時間，對臺灣經濟思想教育與政策發展產生不小的影響。

　　1970 年代前後，臺灣還是處在戒嚴體制之下，「尊德性齋」可說成為當時由胡適、雷震主導「自由中國」雜誌的時期，許多知識分子、文藝界人士的談論時政的聚集地，亦可謂是臺灣引介西方自由主義思潮的起源地。

　　1979 年，「美麗島事件」發生之後，臺灣風起雲湧的政治文化運動讓此地更是成為當時所謂「黨外人士」聚會的重要場所。1983 年，由多家黨外雜誌代表所發起的「黨外編聯會」即在此成立。當時許多的政治人物亦常於此進出的作為聚會之地。

　　我住溫州街的期間，早已聞「紫藤廬」盛名，知其因庭院中的紫藤而得名和其茶館的經營。如今的「紫藤廬」不僅是具茶藝文化館，它更成為是一處以人文精神，及公共空間內涵為特定的歷史古蹟。

　　我喜歡獨自的來到「紫藤廬」，感受的是其代表臺灣政治民主化與知識分子「文化沙龍」所凸顯的政治文化意涵。尤其當我日後的審修拙作《臺灣政治經濟思想史論叢》時候，腦子總是不時會思及當年的情景。（2024-07-05 修稿）

藍乾章毛子水的通識治學

　　我住溫州街期間，有回偶然在溫州公園的附近遇到，我大學時代系主任藍乾章老師。我們師生已是十多年未見，老師說他就住溫州街的臺灣大學教職員宿舍。

　　老師早年在大陸時期畢業於武昌文華圖書館專科學校，曾先後在武漢大學、浙江大學等校圖書館，及國立中央圖書館工作。隨政府來臺之後，因曾服務於臺灣大學圖書館，和任教於圖書館學系，才有機會和資格住進後來溫州街的臺灣大學教職員宿舍。

　　老師後來也曾擔任中央研究院歷史語言研究所傅斯年圖書館主任，1971 年，轉任我們輔仁大學圖書館學系主任一職。當時在臺灣念圖書館學系算是熱門科系，而且只有臺灣大學設圖書館學系、臺灣師範大學社教系設圖書館組，輔大是剛剛設立，所有課程皆援引自臺大、師大的教授與教學。

　　當時在臺大授課的藍乾章老師教我們的「中文參考」、「中文分類與編目」，師大的王振鵠老師教我們「圖書館學概論」、「圖書採訪與選擇」等專業科目。

　　我在藍乾章系主任的指導下，主編了《輔大圖書館學刊》創刊號，還在圖書館學系創辦了《耕書集》，以提倡讀書風氣，和撰寫書評的刊物。他同意並在經費上支援，同時寫下《耕書集》這三個字作為刊頭。

受到老師的鼓勵和影響，我開始也在《輔大青年》也連續發表了文章。諸如〈從三院圖書館到聯合目錄編製之芻議〉，談論有關連結學校的文學院、法商學院和理學院等三座圖書館。老師後來擔任這三座圖書館的總館長。

由於在《輔大青年》連續發表〈論大學教育與大學圖書館〉、〈從三院圖書館到聯合目錄編製之芻議〉，和在《大學雜誌》的發表〈有待加強的臺灣圖書館事業〉等文章，對於後來我在撰寫專欄評論的時候不致於會感到困難。

1980 年代前後，當我住溫州街，正是臺灣政經社文環境有很大轉變的關鍵時期，政府的行政與立法部門為因應解嚴後政經體制的改革，尤其為提高立法效率及品質，如何從「粗糙立法」邁入「精緻立法」，我發表〈立法資訊與議事功能〉，也大力呼籲公立圖書館應鼓勵社會的閱讀風氣。

1987 年，承蒙臺北市立圖書館之邀，在其《臺北市圖書館館訊》發表〈從管理觀點論圖書館組織〉一文，以及 1980 年代後期，受聘當時中國圖書館學會公共關係委員會，後來擔任國家圖書館館長顧敏，其主任委員任內的委員，我也將在該委員會議中的發言，整理成〈資訊共享〉一文，發表在當時的《臺灣新聞報》。

我也關心臺灣圖書館事業的發展，為了推廣公共圖書館社區大學化，和教導青少年如何使用圖書館。1987 年 6 月 7 日-13 日，特以〈開啟知識的寶庫〉為題的長文，在當年剛改組成青少年讀物的《現代日報》連載。

上述諸文，我都要感謝當年圖書館學界老師的教導，還有藍乾章老師推薦我到國科會科學資料中心實習，以及受惠於他講授「中文參考」這門專業課程，對於我在通識教育跨領域學科的知識啟蒙。

　　1970 年，我初進大學的研讀圖書館學，抱負要撰寫【近代學人著作書目提要】，並且完整的列出百位學人的名單，於是展開大量閱讀與蒐集相關學人的著作，我心目中的第一位學人就是胡適之先生，我也試作完成了〈胡適之著作書目提要〉乙篇。

　　大學三年級暑期我受到藍乾章主任的推薦，得以在國家科學委員會科學資料中心實習，當時科資中心位在中央研究院園區，我住在園區內一棟舊屋的宿舍裡，讓我常有機會和時間到胡適紀念館瀏覽。

　　當時我在胡適紀念館購得《中國中古思想史長編》、《中國中古思想小史》、《白話文史（上卷）》、《神會和尚遺集》、《嘗試集》等書。《中國中古思想史長編》的書封面，就有「毛子水敬題」字樣，還有書末附有毛子水寫的〈中古思想史長編手稿本跋〉，以及為《中國中古思想小史》寫的跋。

　　從上述毛子水在胡適過世之後為胡適著作的整理出版，彰顯毛子水與胡適的特殊師生關係，還有毛子水受到胡適夫婦的充分信任，畢竟毛子水出身北京大學，和來臺之後在臺灣大學教書。

我在大學畢業服完兵役之後，並未繼續走上圖書館學研究和實務工作的路，但我始終不忘情於對有關近代學人著作的蒐集、閱讀與書寫。特別是我仍繼續閱讀胡適著作和其他有關的論述，我發現毛子水與胡適的文化記述經常被報章雜誌所刊載。

1980 年代之後，我住溫州街，對於有關溫州街的人與事特別感到興趣。我的簡報裡有篇 1988 年 10 月 3 日《中央日報》登載程玉凰整理的〈毛子水早年求學生涯〉，在文前特別註明：

> 這篇口述是民國六十七年九月八日及二十五日，兩次在毛先生家裏承命受記的。毛先生是我的業師。所以他特別要我筆記下來，當時他頗有意以聊天方式來口述他的自傳，可惜僅講兩次，從啟蒙敘至民國十八年冬自德國留學回來，便因其他雜事，諸如搬家、整理溫州街舊居書籍。

文中述及「搬家、整理溫州街舊居書籍」，印證我在溫州街經常看到一位長年穿長袍，身體微僂長者毛子水的舊居，正是為在溫州街的臺大教職員宿舍群。毛子水年輕時期在北大念數學系，留德階段研修科學史，回國後應傅斯年之邀在北大講授科學史、文化史。隨政府來則在臺大中文系任教。

毛子水自述其與傅斯年的同時間在北大念書，他們的博覽群書，強調的是大部分靠自己努力的看書，認為學問是自修來的。毛子水在胡適〈中古思想史長編手稿本跋〉指出，胡先生生平以思想史為他做學問的主題，胡先生對於先民有意義的思想，一絲一毫都不肯輕易放過。我每翻閱先生所讀過的書，就會想起先生生平的志慮。

　　我則會聯想起自己在 50 年前，構思撰寫〈近代學人著作書目提要〉，和 40 年前，我住溫州街舊居的繼續蒐集和閱讀胡適、傅斯年、毛子水等學人的著作，對於他們的博雅和通識兼顧而尤其重視會通的見解，感到十分敬佩。（2024-07-04 修稿）

殷海光故居的自由主義象徵

　　殷海光故居位於溫州街 18 巷 16 弄 1-1 號，此處界於臺大、師大及大安森林公園的位置中心點，為日治時期帝國大學現在是臺大教授的宿舍群。如果直接就從和平東路 1 段 248 巷進去，要比從羅斯福路方向走溫州街下去，來得方便和省時多了。1956 年，殷海光先生從《自由中國》雜誌的住處遷居於此，直到 1969 年胃癌過世。

　　1966 年，我在南部嘉義中學念高中時期，就已經久聞殷海光教授的大名，和非常想要接觸他的作品。當年我除了閱讀他常在《自由中國》雜誌發表的文章，和他翻譯海耶克《到奴役之路》等書。

　　1970 年 9 月，我離鄉北上之後，當時他已於 1969 年 9 月 16 日過世，但是我非常興奮買到他剛過世才 1 個月，陳鼓應為其編的《春蠶吐絲——殷海光最後的話語》一書。這書除了一篇〈給鼓應的信〉，和陳平景於 1969 年 10 月 16 日從美國加州 Palo Alto 城寫給殷海光的一封信之外，引起我注意的還有殷海光教授記述〈徐復觀〉和〈給徐復觀先生的信〉，以及記述〈唐君毅〉等多篇文字。

　　這幾篇文字之所以引發我的關注，主要是因為當年我正撰寫《近代學人著作書目提要》，徐復觀先生和唐君毅先生等兩位學人都是我選列的重要對象。2020 年 11 月，我在

《臺灣政治經濟思想史論叢（卷六）：人文主義與文化篇》略有提及。

殷海光教授對徐復觀先生的評論：

> 他兇咆起來像獅虎，馴服起來像綿羊；愛熱鬧起來像馬戲班的主人，孤獨起來像野鶴閒雲；講起理學來是個道學夫子，鬥爭起來是個不折不扣的步兵團長；仁慈起來像春天的風，冷酷起來像秋天的霜。然而他充滿了生命的奮進、鬥氣，一分鐘也不停，一秒鐘也不止。

殷海光教授對唐君毅先生的評論：

> 唐君毅具有一種奇理斯瑪人物（Charisma）的性格。有強烈的復興文化的使命感。其為人也，沉篤、厚重、真實。我一看見他就感到他是人文教主一樣。他徹頭徹尾是個一元論者：道德的一元論和知識的一元論。他論事如用一個無邊無岸的甑子，任何東西都用這個甑子去蓋。所以他是搞錯了行的道德詩人。

我住溫州街期間，仍然繼續關注對於有關殷海光自由主義思想的評論。1999 年 9 月 20 日，張灝在《中國時報》的

一篇〈殷海光與知識分子〉的評論指出：

> 我們要強調的是：殷先生這種帶有強烈道德意識的自由主義，放在他生命的脈絡裡，有其不尋常的意義。

2002 年 9 月 18 日，林毓生在《中國時報》有三天的連載〈殷海光逝世以來臺灣的民主發展——紀念殷海光先生逝世三十三周年〉指出：

> 遺憾的是，殷先生剛毅而清醒的聲音，在那個年代，非但未能對政府產生振聾發聵的作用，反而惹來了當政者的厭恨。之所以如此的根本原因是：政府不成其政府，只是蔣氏政權的門面而已。蔣氏政權是不願改變其獨裁的本質的：它自然會認為推行民主的基礎建設，不但違反而威脅到它的政治利益。

1987 年以前，臺灣未解除戒嚴時期，特別是在 1950-60 年代，殷海光所揭櫫人類追求自由、民主、人權的思想與理念，而且勇於面對來自統治階層的排山倒海壓力，其成就了殷先生是一位崇尚自由主義的悲劇性歷史人物。如今的殷海光故居亦已成為臺灣自由主義精神的象徵。

我曾與前「曙光文藝」創辦人楊正雄先生，一起前往住在臺北民生東路探望，前道藩文藝中心副董事長兼文藝中心主任周伯乃先生腿傷復原的情況。大家也談及 1960 年代前後，臺灣的政經發展，亦論及當時臺灣文學，和政府推動文藝政策對社會的影響。

　　由於楊兄早期的參與創辦「曙光文藝」的刊物，所以從 1958 年《曙光文藝》出版，和發行執照出借給「笠」詩刊、政府註銷、復刊《新曙光文藝》季刊，到 2005 年的宣布休刊。期間近半世紀的經營甘苦談，楊兄也都能如數家珍的細說從頭。我對於楊兄的充滿浪漫、理想主義的幹勁，和當年辦雜誌甘冒被禁、被關風險的勇氣，表示十分敬佩。

　　言談中，我對於楊兄談及在軍中辦「曙光文藝」，曾遭遇被政風單位調查的情事感到興趣。其大概內容我謹引楊兄大作《曙光文藝傳奇》的文中所述：

> 來了，暴風雨來了，七期出版過後，連長告訴我服役嘉義最高單位找我，帶曙光由政工陪同。入房一對一說有人向臺北檢舉交查，先翻看曙光，問筆錄了，沒什麼可瞞，問完。他說我再一個多月退伍，不要添麻煩，12 月份勿出版。想到金門被整慘，人在他人屋簷下不得不低頭，留得青山在不怕沒柴燒。向關係密切伙伴發出我由於曙光被調查信息。

《曙光文藝傳奇》續述：

> 暴風雨終於來了，我被調查以為沒事，有人搞釜底抽薪，改查在曙光掛名軍官，有的記過，更有記大過（官階，難升了），只好將全部編委名單取下了，工作人員非軍人也改筆名。寒蟬效應，退出不少人，力量減弱了，我仍感激他們過去的協助！

楊兄也感嘆：為了《曙光文藝》的屢被查、法院罰款只有承受，但支持《曙光文藝》的軍官是好友，他們因而受罰使他難於忘懷！

楊兄所談「曙光文藝」在軍中遭遇麻煩的經過，同時間也是擔任「曙光文藝」編輯委員的周伯乃先生，則從其在1960年代前後，曾參與當時執政黨和政府的文化政策經過，和先後擔任過許多文藝單位重要職務的工作經驗，就他的了解，類似《曙光文藝》這種在軍中辦刊物的被調查事件可能會有，但如果說《曙光文藝》會被嚴重指為「政治事件」、「思想事件」，應該還是不致於會有這種情事發生吧？

周伯乃先生特別舉前立法院長，也是當年主持「中國文藝協會」的張道藩為例，他認為張先生畢竟是一位崇尚文化藝術者。他當年還呼應國防部總政治部將文藝推動到軍中去的政策，並協助軍中革命文藝活動的推廣。

楊正雄與周伯乃等兩位當年《曙光文藝》的實際工作者，和他們二人對於當年軍中文藝政策的看法與評論，或許正是戒嚴時期臺灣文藝政策與活動的一個小縮影。

　　我讀楊正雄先生寫的《曙光文藝傳奇》，書中提及一段他初識陳秀喜的經過：

> 1967年冬天，戲劇似的認識陳秀喜。離開臺中到臺北，我向一位上校退役經營的計程車公司分期付款買二手車，公司租屋的女房東住樓上，為小事巧在說我不是，陳秀喜進來一聽拉她上樓。我在樓下與也是上校的總經理在談曙光，他也喜歡文學，我有拿以前舊曙光及陳千武寄來的二期詩稿，陳秀喜下樓要乘坐，看見舊的曙光說句她有在動筆，就送她。

《曙光文藝傳奇》續述：

> 搭車去臺視才知陳秀喜寫歌，臺視樂隊有演唱，出第一張唱片，女房東是好友來送唱片，陳秀喜翻了曙光也問家況，下車送我唱片給地址要我帶小女去基隆她家喝春茶。真帶小女去了，才知陳秀喜先生是銀行經理，給小女紅包。後她先生調回臺北，也去見過她先生及子女。陳秀喜給稿及小女紅包，是

在幫助曙光印刷費，自覺曙光不穩，推介她參加《笠》及另一詩刊，陳秀喜展開新詩創作新里程。

1973 年，陳秀喜寫〈臺灣〉這首詩，後來被改編為〈美麗島〉這首歌。已故藝人李雙澤先生作曲，楊祖珺唱的〈美麗島〉一曲頗受歡迎。據了解在 1979 年「美麗島事件」發生後，被國民黨政府認定歌詞宣揚臺獨意識遭到查禁，直到蔣經國過世才解禁。陳秀喜就在這年遷居現位在臺南市白河關子嶺明清別墅區的「笠園」。

1982 年 6 月 14 日，《中央日報》副刊登載蘇雪林發表的一篇〈笠園雅集小記〉的開頭記述：

> 詩人陳秀喜自臺北遷居關子嶺後，把她只有的笠園也搬了過來。他屢次向我稱讚笠園之美，想邀我去玩玩，我總以路途太遠，我行動又不便，未曾答應，辜負她的美意，於心每覺歉然。我因成大中文系主任唐亦男教授和秀喜也是舊識，遂邀同往。

〈笠園雅集小記〉記述：

> 過明清溫泉別墅數家，便到了詩人寓居處的笠園，升到正廳，涼臺上有塊古色古香的奇木，嵌「笠園」兩個大字。古木上又掛著一頂笠帽。與樓下簽

衣相映成趣。大概是表示農民本色。秀喜愛交朋友，更愛交結年輕人，她住的屋廬名為「笠」，編輯的詩刊也名「笠」。

正雄兄在《曙光文藝傳奇》書中述及〈笠〉雜誌曾向他借〈曙光〉執照出版了 8 期，於是我查閱了該書附有 1961 年 7 月 4 日出版《曙光》文藝月刊第一卷第三期的編輯委員中除了周伯乃等人之外，還有詩人覃子豪先生在委員之列，也發表了多篇的詩作。

從楊正雄、陳秀喜，再到蘇雪林的聯想到覃子豪等詩人，尤其是蘇雪林與覃子豪之間，不禁令人聯想起 1959 年在《自由青年》刊物上，展開的一場有關中國傳統詩與象徵詩體論戰。

蘇雪林教授發表〈為象徵詩體爭論敬告覃子豪先生〉，代表的是一般傳統學者對於現代詩所持不同觀點的批評，認為中國傳統詩的可貴是在重視造境、琢句、協律等要素，和達到可讀、可誦、可歌等層次。

覃子豪先生發表〈論象徵派與中國新詩──兼致蘇雪林先生〉，代表的是現代主義，在凸顯臺灣當時的詩是要真實表現內在的世界，認為現代詩在發掘人類生活的本質，使其更接近生活真實的思想解放。

楊正雄在《曙光文藝傳奇》亦特別提及，他於 1961 年還在嘉義機場服兵役，克服困難復刊，5 月推出曙光文藝一

卷一期，覃子豪先生支持曙光，給了西班牙詩人 F. G. Larea 由他翻譯的〈紀念物〉、〈騎士的歌〉的兩首詩。

回溯我自己 1970 年代在大學念書的時候，也特別喜歡覃子豪的作品，我曾有在圖書館閱覽室，愛不釋手地閱讀他詩作，連續好多個小時的甘苦回憶。

2021 年，我也藉清明祭祖的返鄉之便，尋找有否地方可以提供做為我晚年退隱的住居之處。特別是在我老家「拙耕園」被廢與「安溪書齋」被拆之後，我特地走訪新營、下茄苳安溪寮芙蓉埤畔，和上了一趟白河關子嶺「嶺頂公園」，了解附近雷諾瓦山莊「笠園」的別墅群，有無可能實現我設立講座，講述「下茄苳堡學」的心願。

《曙光》文藝創辦人楊正雄，2019 年 7 月出版的《曙光文藝傳奇》一書中指出：

> 臺大學生李慶蘭外尚有多人是讀作者，有位女生將曙光送了殷海光教授後，來信說殷教授要我去見他，北上時找她陪去殷教授宿舍，在客廳交談，我得知識，他知南部民情。殷教授提醒下次勿穿軍服，他說巷口崗哨在監視。辦曙光他肯定，要我小心。

這位將《曙光》送給了殷海光教授的女生，楊正雄在《曙光文藝傳奇》書的附錄 1，有封楊正雄給文友虞和芳博士的信：

> 和芳文友：早安，那年，妳帶我去見殷海光教授，出國後，一直沒連絡。不久我重入殷居無限感慨！暑假又去德國？以前成大應鳳凰教授向我要曙光資料，乃由國家圖書館影印不太好。妳的大作找到二件如附件。祝　文安　楊正雄8.11。

又據日前楊正雄給我的信息：

> 鄭貞銘的《百年風雲》在寫美國人的中國通費正清，提到是他導致《文星》停刊，殷海光的教授去職，但沒詳情，您或可找資料、線索，不清楚狀況，我後來因曙光困境沒再去殷教授宿舍。

承上述，楊正雄因《曙光》困境，後來也沒再去看殷海光教授。楊正雄所指《曙光》困境，有可能是財務與銷路困境，或者是因殷海光所說「巷口崗哨在監視」，或者兩項困擾兼而有之，使其為了避免不必要的困擾，而未再繼續前往探視。

根據有限的相關資料顯示，導致《文星》雜誌停刊的主

因，源自於 1965 年 10 月，李敖在《文星》雜誌第 98 期發表〈我們對「國法黨限」的嚴正表示〉，公開批評國民黨壓制言論。國民黨認定李敖和《文星》的文章已對國民黨的統治「法統」構成威脅，於是在 1965 年 12 月對《文星》雜誌處以停刊一年的處罰，一年以後，又以「不宜復刊」為由，實際上勒令《文星》無限期停刊。

當時《文星》雜誌的主要執筆者包括殷海光、陸嘯釗、李聲庭等人。2008 年 11 月 15 日《聯合報》登載記者楊正敏的報導指出：

> 1966 年教育部發文借聘殷海光，要他離開臺大。殷海光拒絕接受，隨即被警備總司令部約談，臺大雖然有排殷海光的課，但他卻不能上課；隔年終於被迫離開，兩年後因胃癌病逝。

余英時《中國文化與現代變遷》在〈費正清與中國〉一文中提到：

> ……一九六七年，臺大要解聘殷海光，費正清晚上找我到他家去，商量怎樣由哈燕社出面給殷海光一筆研究費，邀他來訪問。我的任務是根據殷海光的著作向哈燕社陳詞。在談話之中，我察覺到他對國民黨深惡痛絕，我指出國民黨恐怕不會讓殷海光出

境,他表示一定要通過美國政府施壓力。最後殷海光還是未能成行,祇好由哈燕社將研究費按期會給他,使他可以繼續留在臺大。

　　從余英時先生的上述內容,或許可以印證後來臺大雖然有排殷海光教授的課,但他卻不能上課的結果。因為當時殷海光教授除了在《文星》雜誌發表文章之外,他的主要著作《中國文化的展望》是被列為禁書。1970 年代前後,我一直想要購買該書來閱讀,但在市面上遍找不著。

　　2021 年 4 月 6 日,我與楊正雄先生,他是臺南佳里人,也是《曙光》文藝的創辦人,我們兩人從桃園龜山警察大學出發,一起到臺北民生東路探視周伯乃先生時,在那次的見面中,承蒙他特別致贈活泉出版社印行殷海光《中國文化的展望》(紀念版)一書,真是踏破鐵鞋無覓處,得來全不費工夫,在此謹向他表示個人最高的謝意。(2024-07-01 修稿)

虞和芳〈哀悼胡適之先生〉詩

　　《曙光》文藝創辦人楊正雄閱讀拙作《臺灣政治經濟思想史論叢（卷六）：人文主義與文化篇》，書中有篇〈近代學人 1970 年代重要著作與胡適的文化記述〉，特別談到有關柏楊先生的作品。

　　正雄兄告訴我《曙光》文藝早期有位臺灣大學念書的作者虞和芳，當 1962 年 2 月 24 日，胡適先生剛過世的時候，她即在《曙光》文藝（第二卷第一期）發表了一首詩〈哀悼胡適之先生〉：

>　　人生最可悲的莫過於死／而今，您卻對它含笑相迎／您沒有畏懼，沒有不平／安祥地讓它侵蝕您底心靈／／誠然今世仍會有著太陽／而您的去，卻已帶走時代的光芒／您總是泰然處事，穩當安步／任重道遠，您也從不喊苦／您任勞任怨，堅定的做著中流砥柱／我們讚您，嘆您，卻沒人能及您，能和您相比／／您如今去了，棄我們而去，不等待我們而去了／您已得到安寧，然而卻留給我們無窮悲悽／千千萬萬的人，為您墮淚，為您婉惜／只為的您是一代完人，青年導師。

正雄兄還告訴我,虞和芳就是帶他去溫州街臺大宿舍見殷海光教授,她也是喜歡柏楊先生作品的讀者,而且與柏楊有點淵源。於是我查閱了 1984 年 3 月,由星光等出版社發行的《柏楊 65:一個早起的蟲兒》,赫然發現有篇雲匡寫〈人性的光輝〉一文有如下的記述:

> 這本書的主題部分,是由柏楊的九位朋友和他的新夫人以〈柏楊與我〉為題,分別執筆。他們是:孫觀漢、梁上元、梁黎劍虹〔梁寒操夫人,上元的母親〕、虞和芳、羅祖光、史紫忱、吳覺真、筑音、姚安莉,和張香華〔柏楊夫人〕。十篇文章中,除孫觀漢一篇曾刊載於臺北出版的《愛書人雜誌》,其餘皆未發表過。

文中,另對虞和芳與柏楊的交情有如下記述:

> 還在德國的虞和芳,是臺灣到國外留學的,今天〔1984 年 3 月〕也是頗具知名度的作家之一。她到目前為止,還不曾和柏楊見過面,只有着一份心靈交流的友情。她為柏楊之陷於冤獄,寫過不少詩文,並在德國慕尼黑城廣泛推薦柏楊著作。

虞和芳說：

> 柏楊的作品，若以一個字來概括的話，我會舉出「愛」字。他所以甘心背黑鍋，情願冒著生命危險，還是喋喋不休的說話，只是希望我們能向上向善。他自己也說過，何嘗不知道「悶」為上策，但是他的話就是忍不住的向外亂冒。這只因他的一番愛心作祟。

承上述，在柏楊的九位朋友之中，除了虞和芳對於柏楊的因文字獄之災感到不捨之外，我也注意到梁黎劍虹、梁上元的這對母女。1970年代，我在輔仁大學與蔡傳志、周玉山、蘇逢田、葉景成、蔡建仁等人，一起編輯《輔大新聞》時，得有機會曾與梁上元照過面。由於是大夥同學見面的場合，加上我們編輯的《輔大新聞》，因為有過激烈批評時政，很快地就被迫改組，我們這組編輯群也就散了。我僅知梁上元是梁寒操先生的寶貝千金，但當時寡聞如我者，確實不知梁寒操是何許人也？

我是在出社會工作多年之後，對於臺灣政經體制結構的研究，和與新聞界多所接觸，才清楚梁寒操是國民黨大老，先後擔任過中華日報和中國廣播公司董事長。

回想我的青少年時期，因為喜歡閱讀胡適、徐志摩、覃子豪等人的詩，也因結識了臺南鄉親詩人正雄兄，幸有《曙

光文藝傳奇》機緣,得讀虞和芳〈哀悼胡適之先生〉詩,進而檢視《柏楊 65:一個早起的蟲兒》書,更勾起我重溫《輔大新聞》的一段往事來。(2021-04-15)

臺靜農的「歇腳庵」「龍坡丈室」

我最早知道臺靜農教授的大名,始於 1972 年我在輔仁大學文學院就讀期間,當時我已經開始構思撰寫《近代學人著作書目提要》,和發表過〈胡適之先生著作書目提要〉一文了。

有天,中文系同學范姜星釗帶來本由李‧何林編著《中國新文學研究參考資料》一書,封面有「泰順書局印行」字樣。頁內上行印有「中國新文學研究參考資料獻給時代的文學青年們!」,下行印有「香港中文大學近代史料出版組」。次頁有蔣禮賢寫在前面幾句話:

> 這是一部「舊書」,一部戰時印行的「舊書」。本書從一九一七年胡適博士在《新青年》雜誌上發表〈文學改革芻議〉一文開始,迄一九三七年「八一三」抗戰發生為止。這段時間,就是世稱的所謂「三十年代」。……本書原名為《近二十年中國文藝思潮》,易以今名,為求簡明。書後附錄「新文學辭彙」,尤能擴展您(妳)的眼界與文思!把您(妳)導引進入於世界文壇!

我翻了翻了書的內容,發現有左翼作家如「魯迅」、

「茅盾」、「瞿秋白」等人的名字,都已經被刻意挖空去其中的一個字。我想這本書在臺灣還處在戒嚴階段當屬「禁書」。而當時我為了購買此書,也只能到中文系助教辦公室才能買得到。

巧的是 1990 年代中期,我還在溫州街已從教職員宿舍改建完成的國宅附近碰到這位中文系助教,他當時剛接中文系主任,得知我在國立空大商學系兼課時,他更邀請我為他中文系學生開設有關管理學方面的課程,可惜後來沒有再進一步聯絡,讓我有意想回輔大母校開課的心願一直未能達成。

1970 年代,我從閱讀胡適和三十年代學人的著作,也從李何林、魯迅,許雲裳、黎烈文、李霽野等人的論述,確知臺靜農到了臺灣之後,任教於臺灣大學中文系,並住進了溫州街臺大教職員的宿舍群。所以,我在住居溫州街期間,偶爾也有機會遇到臺靜農的走在這條溫州街的名人巷上。

我不是出自臺大,更不是該校中文系的學生,自無緣沐浴於臺教授的門下。我的資料閱讀來源,也都只是來自於報上刊載的零星片段文字。1982 年 9 月 21-23 日,丘彥明紀錄整理〈如果魯迅不死:三十年代文學問題對談〉。

對於臺靜農教授 1930 年代文學與活動,敘述比較完整的一篇文字,要屬 1990 年 10 月 18-19 日《中國時報》刊載,李霽野先生特別發表的〈春風風人——紀念魯迅先生逝世五十四周年〉一文。

該文提到有關臺靜農教授的文字,諸如:

> 一九二三年……這時臺靜農在北京大學中文系旁聽」、一九二五年七月……要出版的《民報》有副刊,在物色編輯,靜農和我去請魯迅先生推薦素圓……、一九二五年夏天一個晚上,素圓、靜農同我去拜望魯迅先生,……先生因此建議,我們來辦一個小出版社……素圓兄弟、靜農和我各籌五十元,由靜農寫信向台林逸先生借……就定名為未名社。

1925 年,成立「未名社」關係,臺靜農、李霽野與魯迅走得非常近,導致臺靜農來到臺灣之後,有感於當時戒嚴時期的白色恐怖氛圍,致使他不但少提左翼作家聯盟,更是避談魯迅作品與思想,從此專注教學與醉心於書藝。這也凸顯他在教書與讀書之餘,每感鬱結,意不能靜,惟弄毫墨,以自排遣,但不願人知的一面。

臺靜農教授在中文系系主任任長達二十年間,對人事安排和愛護學生,以及傳播書藝,令人津津樂道。有件值得記述的是中央警察大學通識中心建立的「歷史警學網站」,臺教授應通識中心老師曾榮汾教授之邀請,特別書寫文字致賀。書藝名不虛傳。

臺教授的溫州街故居,不論是住在 18 巷 6 號,或是

1990 年 5 月遷住 25 號的日式房子階段，他的先「歇腳庵」而後居「龍坡丈室」的書畫作品，特別愛用溫恭堂製筆長峰快劍和橫掃千軍，已經這在世上被廣泛流傳和珍貴保藏。（2024-06-30）

英千里輔仁大學記憶

　　我接觸英千里教授主編的英文教材，始於 1960 年代初期的開始上初級中學，和高中之後的階段。印象中出版英千里英文課本的是正中書局，至於遠東書局則是專門出版梁實秋的初中和高中英文教本。

　　1970 年，我考進了位在新莊的輔仁大學，當時對於英千里的知名度自然就不會感到陌生。或許 1963 年輔仁大學的復校，在英千里擔任副校長期間，還幸運可以修習他開設的課程。

　　但就在我進輔大的前一年，他就已經不幸過世了。當然我的英文必修課，和其他相關外文領域的課程更是不會有機會了。印象中我大一時候英文必修課程的老師是位修女，後來我的第二外國語選的是日文。

　　當年我了解的輔仁大學校長是于斌樞機主教，他剛被梵蒂岡天主教宗任命樞機主教不久。學校董事長是蔣中正總統夫人蔣宋美齡。學校有座大圓蛋型建築，前排高掛「中美堂　蔣宋美齡題」的題字招牌。

　　我想這「中美堂」大招牌有兩大意涵：一是標示蔣中正與宋美齡，他們二人名字裡的「中」與「美」的合體；另一意涵是凸顯當時中華民國與美國之間在外交關係上的密切性與重要性。

令人震驚與遺憾的是 1971 年中華民國的退出聯合國，外交處境的艱難也激發了我們輔大學生在校園裡發起一連串支持政府活動。

我們知道英千里副校長，早年畢業於倫敦大學，返回中國後協助父親英斂之創設輔仁大學。父親過世後，他以輔大秘書長身分領導校務。

1937 年，對日抗戰開始，英千里以其學界領袖地位成為地下抗日代表，曾被日本軍閥二度逮捕下獄，導致他的健康情形深受影響。

1948 年底，英千里與胡適、傅斯年、毛子水等人為蔣介石特令以專機搶救，得以脫險的離開北平城。他的孤身赴臺，令人不捨的是妻子與七名子女皆滯留大陸。來臺之後的英千里住進溫州街，與殷海光住居僅一牆之隔的臺大教職員宿舍。

英千里父子對於創辦和協助輔仁大學的校務發展，以及對於臺灣高等教育的貢獻，令人敬佩。特別是我於 1970 年代後期居住在溫州街，和之後對於國民黨政經體制以及其與正中書局成立背景的關係，讓我對於 1930 年代學人跟隨國民政府來臺經過有更進一步的理解。

1970 年，我考進輔仁大學圖書館學系時，因高中時期就閱讀過張秀亞的文學作品，可惜當時她在輔仁大學中文系授課時，由於選修的人數太多，加上我自己擔心「寫作業」，而未能成為真正張秀亞老師的學生。

1990 年代後期，我忝任臺北城市科技大學的董事和教學迄今，我當更應該學習英千里教授的從事辦學精神與教學服務熱忱。（2021-03-30）

傅斯年俞大維故居及其他

2017 年，有關臺大溫州街 22 巷 4 號宿舍，是否可以列為已故國防部長俞大維故居，引起成為社會特別注目的焦點。

這宿舍在臺大前校長傅斯年過世前，原住在福州街校長官邸，後來臺大配給傅校長的遺孀俞大綵教授溫州街宿舍，一直住到 1990 年。當俞大綵的哥哥俞大維，1954 年返臺接任國防部長，沒有特別安排官舍，於是就借住在妹妹溫州街的家中。

從保存名人故居的觀點，傅斯年、俞大綵夫婦與俞大維對國家社會都有相當大的貢獻，當然他們所住過的溫州街的列入故居，對於溫州街而言將可多增加一個景點，何況其又具有特別的歷史時代意義。

1970 年代，我購讀「文星書店」出版的《傅斯年選集》，和我近年閱讀沈珮君發表的〈這樣的傅斯年〉（上、下），讓我對傅斯年為人與處事、治學與治校的態度與方法有更深一層的了解。特別是他的崇尚自由主義與人道主義精神，更透徹闡述了愛國愛人的偉大情操。

可惜傅斯年當臺大校長太短時間，他延攬英才，整治校園，真是被累死的。偉人之所以真正偉大，絕對是謙虛求更深遠的真理，而非傲慢自負，認定自己看到所有真理。

我同時閱讀俞大綱之女俞啟木，曾發表一篇〈我在父親俞大綱、伯父俞大維、姑姑俞大綵身邊的日子〉。文章之末還附有〈紹興俞家系譜〉，大維、大綵、大綱的父親俞明頤、母親曾廣珊（曾國藩嫡孫女）本房之外，伯父俞明震（曾任臺灣布政史）、堂侄女俞珊堂侄孫俞正聲一系，俞珊是中國早期著名女演員，俞正聲曾任中共政協主席。

嫁給散原老人陳三立的姑母俞明詩，所生次子陳寅恪，娶唐景崧孫女唐篔，次女陳新午嫁俞大維。從唐景崧、俞明震、俞大維可以連結他們與臺灣的關係。俞大維兒子俞揚和娶蔣經國的女兒蔣孝章。

從傅斯年俞大綵夫婦的連接俞大維家族，再連接曾任中華民國總統蔣經國家族，其中的開枝散葉亦廣及曾任臺灣民主國總統唐景崧、臺灣布政史俞明震，凸顯這連環大家族對於近代中國與臺灣發展的影響有多大、有多深遠。

臺大校園已有了傅園的紀念，溫州街22巷4號宿舍成為「俞大維故居」又何妨。更何況他在生前捐贈大量書刊給臺大研究圖書館。曾任臺灣大學校長除傅斯年先生之外，錢思亮校長家族人亦是不遑多讓。諸如，前監察院長錢復捐贈個人收藏資料給中研院近代史研究所檔案館，內容包含退出聯合國與中美斷交見證、駐美代表及外交部長時期與4任元首的交會，對於歷史研究是很珍貴的史料。

錢復與中研院關係素有淵源，錢復的父親錢思亮曾任臺灣大學校長、中研院院長，兄長錢煦亦是院士。錢復表示，

近史所檔案館是此批檔案最好的歸宿,中研院典藏這些文件使他無比光榮,也希望對近代歷史有興趣的學者,能有所貢獻。

錢復的從政經歷豐富,歷經國家各項重要職位,從其最近交由天下文化出版的《錢復回憶錄》更見證當代外交及政治第一手信史。根據報導,錢復這次捐贈資料包括四大主題,包含錢復大學時期的讀書筆記、退出聯合國與中美斷交的電文、與華府多位政要的信函及與總統的交會文件。

從對檔案的嚴謹定義為官方文件的話,所謂「退出聯合國與中美斷交的電文、與華府多位政要的信函及與總統的交會文件。」這三種應屬於官方檔案怎麼會由錢復私人保存呢?

另外,錢復這些私人文獻資料,為什麼會捐贈近史所,而沒給臺史所,這也很特別。當然我們尊重捐贈者的自由選擇,或許這是近史所長期以來被視為南港學派,是比較傾向於國際研究的領域,在學術國際上也早就已經享有盛名。

特別是有關近現代史方面檔案的典藏,諸如外交部總理衙門檔案、籌辦夷務始末的檔案,都是交給近史所負責整理、研究與典藏,或許這正是長期以來服務於外交系統的錢復,是他個人慎重考慮捐贈近代史典藏其文獻資料的最主要原因吧!

錢復私人的文獻資料捐贈中央研究院近史所,除了讓我想起《兩蔣日記》的保存在美國史丹佛大學胡佛研究所所代

表不同的意涵之外，最令我記憶深刻的該是前總統府秘書長張羣1948至1972年來的日記，還有一些與日本政要往來的信函，全數捐贈中國國民黨黨史館。

張羣日記資料中提到，當時中華民國與日本要斷交時，我方擬了兩個版本的聲明，一個是寫了「斷交」，一個版本則沒有，張群表示不要把「斷交」兩字寫入，認為中華民國與日本的關係算是「中止」。

我們知道張羣與日本關係特別深厚，他從19歲赴日本求學，即與日本朋友相交，上至天皇、首相以及政經文化各界人士，都有過接觸，真可謂「相識滿日本」。我近日也讀了1980年4月由財團法人中日關係研究會出版張羣寫的《我與日本七十年》。

錢復的從事對美外交，與張羣的從事對日外交，他們二人分別肩負的對美與對日的外交工作，從錢復寫的《錢復回憶錄》與張羣寫的《我與日本七十年》，這二書所凸顯我國在外交工作上的繁重、複雜與艱辛。

檢視張羣《我與日本七十年》的內容，在記錄當時1952年簽訂《中日和約》的內容十分詳細，資料也很多，但隨著1972年日本與中華民國的斷交時刻，就顯得相對十分少。書末張羣還引述胡適稱儒教的精神是「不打算盤」，可惜現在的日本人聽來是很不容易接受的。

從保存檔案、文獻與資料，和歷史研究的角度，我都非常敬佩錢復、張羣等人的不藏私態度，而將私人智慧財產捐

贈國家單位典藏，和提供後人研究，充分展現出具有時代性的歷史意義。

為準備「臺灣政經與兩岸發展」課程的講授資料，主要採用拙作《臺灣政治經濟思想史論叢（卷四）：民族主義與兩岸篇》乙書，作為主要參考書目。今為配合此次遠距教學方式的需要，特別加以審修了部分的內容。

日前根據授課的進度，特別針對臺海兩岸關係發展的歷程，拙作將其概略的分成：1949 年至 1978 年軍事對抗、1979 年至 1986 年和平對峙，和 1987 年以後迄今的交流共存等三個階段。

檢視 1972 年美國與中華人民共和國共同發表《上海公報》、1978 年《建交公報》，1979 年美國透過《臺灣關係法》，與中華民國保持實質關係，到 1982 年美國與中華人民共和國簽屬《八一七公報》，凸顯《臺灣關係法》與《八一七公報》對於中華民國生存與發展的重要性。

關於當年代表美國總統雷根（Ronald W. Reagan）參與折衝簽屬《八一七公報》的國務卿舒茲（George Shultz），在今（2021）年 2 月 6 日剛以百歲高齡的逝世。他是雷根政府時期揭示《八一七公報》「對臺六項保證」，奠定美國至今對臺基本方針的主要關鍵人物。

舒茲代表美國雷根政府於 1982 年 8 月 17 日發送給時任美國在臺協會（AIT）處長李潔明（James R. Lilley）的電報，揭示「對臺六項保證」。根據最近出版的《錢復回憶

錄》指出，在正式發布公報之前，雷根更決定透過非公開管道，向蔣經國提出「六項保證」，內容包括：1.美方無意設定對臺軍售期限；2.美方不與北京協商對臺軍售；3.美方不調停國共和談；4.美方不修改《臺灣關係法》；5.美方未改變有關臺灣主權之立場；6.美方堅持以和平方法解決臺灣問題。

《李潔明回憶錄：美、中、臺三角關係大解密》更進一步指出：雷根總統在簽署八一七公報後，他口述一份總統指令，取代公報成為決定美國對臺軍售政策的原則，由舒茲和國防部長溫伯格會簽，擺進國家安全會議的保險箱裡。這份聲明最後四段文字如下：

> 各位都知道，我已同意發表與中華人民共和國的聯合公報，我們在公報裡表達了美國對繼續軍售臺灣事宜的政策。導致簽署此一公報的會談，有一個前提，即美、中雙方清楚理解到，任何減少對臺軍售要以臺灣海峽和平，及中國維持其尋求和平解決臺灣問題之基本政策為前提。簡單地說，美國願意減少對臺軍售，有一個絕對條件，就是中國維繫承諾和平解決臺灣與中華人民共和國之間的歧異。大家應清楚理解到，這兩者之間的關聯是美國外交政策的永久戒律。此外，供給臺灣的武器之質與量，完全要視中華人民共和國構成的威脅而定，就質與量

而言，臺灣相對於中華人民共和國的防衛能力，必須予以維持。

我在彙整《臺灣政治經濟思想史論叢（卷四）：民族主義與兩岸篇》書時，特別將上述舒茲轉達的「對臺六項保證」，和舒茲會簽總統雷根口述指令的文字，做了增修。或許有助於大家對於當前的兩岸緊張和複雜關係，提供另一角度的深入思考。

國際政治的外交場合，強調的是互信基礎，「有信任才能通行無阻」（Trust is the coin of the realm），這句話是舒茲在他百歲生日的演講感言。舒茲生前除了曾經擔任國務卿、財政部長等重要行政職務，和擔任大型工程與建築公司貝泰集團總裁之外，他也曾任教於麻省理工、芝加哥大學和史丹佛大學。

尤其他在胡佛研究所服務超過 30 年的資歷，2019 年 12 月 17 日出席《蔣經國日記》記者會，親自見證了這段重要的歷史。不僅《舒茲回憶錄——動盪與勝利：我擔任國務卿的歲月》的重要見證，《錢復回憶錄》與《李潔明回憶錄：美、中、臺三角關係大解密》也同時都為我們提供了這段歷史的佐證。

根據錢復接受節目主持人李四端的訪問，《錢復回憶錄》已經出版了第三卷，錢復有意繼續撰寫第四卷。另外，我閱讀 2016 年 4 月 30 日《聯合報》登載，《學習、奉獻、

創造──錢煦回憶錄》寫道，父親錢思亮擔任中央研究院院長時全力維護學術自由尊嚴不受政治干預，對於權益衝突總是敏感迴避，兩度阻止錢煦被提名院士，第三次則是在採取選舉投票時迴避，錢煦高票當選。

　　錢煦最敬佩的三位長輩，是父親錢思亮、已故臺大校長傅斯年與中研院前院長胡適。書中也特寫愛妻、臺大學妹匡政，強調「我成人後，最重要的關鍵，是與匡政結縭」。其兩人相戀後才知，認識他倆父母的胡適夫人在背後牽線。
（2024-07-01 修稿）

孫運璿與臺電大樓

2021 年 5 月初夏,這些日子以來,全球幾乎壟罩在嚴重特殊肺炎傳染疫情的侵襲之下,臺灣在前階段的防疫,對於全國上下的做好各項防疫措施,總讓臺灣可以免倖於難的安然度過這一波危機。

當時臺灣的處境並不是我們想像的只遭遇到疫情而已。5 月 13 日全臺遭遇輪流停電之後,沒想到 5 月 17 日又再次停電,即使總統蔡英文趕緊出面道歉,也都已經於事無補,臺灣缺電的事實已無法遮掩。

回溯 2014 年,當時的經濟部長杜紫軍就已經警告過,在核四封存與火力發電廠陸續除役的雙重因素下,臺灣未來將面臨分區限電。杜紫軍擔任經濟部長,他講這話是一定有科學數據。不過,當年杜紫軍在提出這番警告的話後,其所面對的是一連串民進黨人士和其綠營外圍的譏諷和抨擊,尤其有些反核人士和其側翼團體等等,就大言不慚地指責杜紫軍說的話是完全在恐嚇和在欺騙臺灣人民。

初識杜紫軍在他擔任工業局組長時期,他的升任局長之後,有次我們談起臺南的情事。他說他因是警察子弟,從小隨父親服務的單位,住家在各鄉鎮地區的搬來搬去,所以對臺南還滿熟悉,尤其是他父親曾在麻豆鎮服務過一段比較長的時間。

杜紫軍後來的高升經濟部長和行政院副院長的職務，除了與他的專業背景之外，對於他從小在臺灣鄉下地方的生活長大，不無密切關係。他的這一歷練過程，更讓人聯想和懷念起擔任過臺電總經理、經濟部長和行政院院長的孫運璿先生來。

　　《孫運璿傳》提到，1945年12月中，他來臺灣報到的地方，是位在和平東路、羅斯福路口臺電的一棟低矮平房。在這棟平房裡，近二十年，他奉獻出他的壯年期，為臺灣經濟起飛鋪上跑道。從機電處長、總工程師、協理而後總經理，他搶修電力、規劃電力長期發展、總理規模日增的公司。

　　1980年代前後，我家住溫州街、羅斯福路口，當時我幾乎每天看著現今臺電大樓的興蓋完成，我也見證了臺灣電力長期的穩定供應經濟成長和民生需要的時期。

　　如今臺灣在廢核、核四封存的政策之下，開始必須面對停電或輪流停電，以及開發新能源的難題，更令人懷念起那與孫運璿共同打拼的這群專業技術官員來。（2024-07-05 修稿）

溫馨臺北小客棧

　　1978 年底之後的定居溫州街，終於告別我人生前段的漂泊歲月。婚後生活和女兒和兒子的先後出生，為我們臺北溫州街和臺南後壁老家帶來無限朝氣和歡樂。

　　我們夫婦白天都必須上班，女兒在臺北出生，阿嬤上來溫州街幫忙坐完月子，女兒就隨她阿嬤回鄉下老家，與阿公、大伯父一家人，還有鄰家族人等的住居和生活在一起。一年過後，兒子接著也在臺北出生，但他是在一離開醫院時，我們就直接雇車直奔回後壁老家。

　　女兒、兒子留在鄉下託阿公阿嬤照顧的這段期間，我們住溫州街的房子儘管坪數不大，但是除了我們主臥室、客餐廳之外，尚有一房間和一間已打成木板通舖的和式書房。這書房我稱之為「安溪書齋」，是延續我臺南老家「安溪書齋」而來。

　　1980 年代，我住溫州街期間，因為工作上的關係，知道《中央日報》有為喜歡剪報的讀者，特地設計好的一種剪貼簿。我也看到《中央日報》在自家報紙上的廣告，我覺得還方便就訂購了一批。

　　記得當時我會從《中央日報》、《中國時報》、《聯合報》和《傳記文學》等報刊雜誌，依政治、經濟、文化等分門別類之外，還特別分出一類是我平常生活與工作有關日記

類,總共分有四大類的剪貼簿。

日積月累之後,一冊冊剪貼簿占去了我書架上的大部分空間,使得許多新買回來的書無處可擺置。隨著一年年時間的過去,書架上的書刊雜誌雖經過我的整理了再整理,也總愛找出許多的理由來拖延。然而,真正的原因實在是捨不得丟棄自己多年累積下來的「戰果」。

到了真正非下決心取捨不可的時刻,是出現在家裡的小孩逐漸長大,他們姊弟二人也開始有了「進貨」的時候,我書架上的空間勢必「讓位」的要騰出地方來。想了又想,實在別無他法,只好忍痛採取剪貼簿「分屍」的方式,一頁頁的撕裂下來,重新做了分類整理。

除了貼了我剪報的剪貼簿「受傷」慘重之外,連帶遭殃「分屍」的是百本以上劉紹唐主持下的《傳記文學》。《傳記文學》是多年來我最喜歡閱讀和收藏的雜誌之一。

例如我寫〈讀陳薇著《魏三爺與我》有感〉所參考的許多資料和文獻,就是大部分當年我主要從《中央日報》、《中國時報》、《聯合報》等報紙,和《傳記文學》撕下,而特別保存來的剪報資料所提供。

剪貼簿和《傳記文學》等經被我的整理過後,其所能騰空下來的空間,馬上被用來擺置我們幫小孩買來的中英文錄音帶和中國詩詞百科等書刊。我最高興看到我家這對姊弟,當他們可以將他們喜歡的書刊擺上書架,開始自由翻閱讀書的愉悅心情,我還特地將他們的畫面拍攝下來,作為他們正

式攻下「安溪書齋」一角落的得意戰果紀錄。

我們在住進溫州街的開始,當時已經在臺灣師大念書的么妹,她原本是租屋寄宿在外。我們住溫州街 96 巷的房子離師大非常近,不論她走路或搭公車上學都極方便,於是就搬進與我們同住。從此不但節省下房租和膳食的生活費用,同時可以減輕父母親的經濟負擔。

老家剛服完兵役的弟弟,上了臺北找工作也住進了溫州街,與我們住在一起,有了不滿意但勉強要接受的工作之後,第一年並未能如願進臺灣科技大學的成為二年制學生,他繼續早出晚歸的到工廠工作,後來考上。由於臺科大的位在基隆路上,離溫州街又不遠,騎腳踏車即可到達。

接著二姊夫上臺北來,進入在職班的師大教育研究所,每逢周六、日他固定要到位在羅斯福路公館的師大分部上課,這地點交通方便,又離溫州街不遠,只要從臺電大樓站搭公車經公館站,即可達師大分部站。

么妹念師大、弟弟念臺科大、二姊夫念師大教研所,再加上我們夫婦的一共 5 位的親人,白天大家各自忙自己的事情,但大家忙完回來之後,頓時讓我們溫州街的住家變得熱鬧起來,難得大家有個聊天的機會,有如一家溫馨的小客棧。

那些年他們三人的先先後後暫居在溫州街,趣事多,差事也不少。么妹平日有時候要提前吃過晚餐後,趕著去學校上課;弟弟因為整天要在學校上課,有時候就要前一天為他

準備明天中午的便當；二姊夫在星期日早上的匆忙要到學校上課，有時候就要一大早起來為他準備好多樣的粥飯菜，這些等等的「民生大事」，可就苦了我們家的女主人。

我住溫州街期間，二姊夫在臺南縣政府服務的關係，常有出差到臺北開會的機會，當時內政部辦公室尚未搬到徐州路的中央聯合辦公大樓，而是在羅斯福路四段的近基隆路口。

加上，二姊夫後來又因為上臺北在臺灣師範大學教育研究所進修，上課地點就在羅斯福路五段的師大分部。所以，二姊夫有比較多的機會與時間到我住的溫州街來，有時候二姊也會帶著小孩子們一起上來。二姊是在政府開始實施九年國教的那一年進入國中教書，因而與臺師大畢業當時已經在該校任職的二姊夫相識，促成了有此段的好姻緣。

婚後的二姊夫輾轉進了臺南縣政府服務，其知遇於楊寶發縣長有一段與二姊相關的淵源。1977年12月20日，楊寶發先生就任臺南縣第八屆縣長，楊縣長在臺南縣並沒有明顯的派系色彩，因此比較沒有人情的包袱，所以找了二姊夫在縣長室幫忙。

猶記得二姊夫乾媽住三重，當時獲悉我因身體不適的時候，非常關心我的健康，曾介紹她一位在基隆海軍醫院擔任骨科醫師的親戚，安排我到醫院去檢查和門診；也曾幫我帶來了一些中藥給我服用，我都一直感激在心。二姊在生前也多次告訴過我，三重乾媽對她的愛護與照顧有加。

回憶的溫州街瑣記,如今么妹婚後在國中、高中教書,與夫婿定居民生東路;弟弟學校畢業工作一段時間之後,回南部結婚定居,遺憾的是他在多年前就已經去了天國;二姊夫在研究所課程結束,升官之後遷居臺中,惋惜的是二姊有天早上在校門口,被一位醉漢開車撞到,不幸離開人間。

我對二姊的懷念特別多,記得二姊夫上師大進修的那一段日子裡,二姊有時候也會帶著外姪們,跟著二姊夫一起上臺北來。他們總是扮演「愛的親情傳遞使者」。

1980 年前後的日子,我們國家的正面臨轉型時期,社會上有許多的大事情也似乎都在孕育或正發生著。對我個人和家庭而言,工作與生活也都隨時有新的事情發生或變化,我們都必須有善於因應才能存活下來。

二姊夫婦是我們夫妻的婚姻介紹人。40 多年前,在我們結婚的喜宴上,地點就在我們臺南後壁老家三合院的埕前。有張照片除了二姊全家福的畫面之外,還特別清晰可以看到他們身影背後的一副喜幛,懸掛的是馬星野先生祝賀我們婚事所致贈的喜幛,當時他是我服務單位的上司主管。

回溯那些年,二姊夫每周六從新營來臺北的上課,他通常會在星期六的晚上夜宿在我溫州街家。因而我們有比較多聊天的機會,我們會不禁聊起年輕階段在鄉下農村成長的共同記憶,有時候也會談到彼此辦公室工作和關心家裡的生活情形,我們都會相互的打氣和鼓勵。

有件印象特別深刻的事,就在這段日子裡,我的身體健

康逐漸發生了狀況。最先是我腿部髖骨的疼痛越來越嚴重，幾乎到了完全無法動彈的地步，真正體會到甚麼是「舉步維艱」的地步，也更深知甚麼是「病急亂投醫」的困境。

當初我膚淺的認為，這純粹只是骨頭痠痛或運動傷害的小問題，所以只要看看跌打損傷貼貼藥膏就好了，可是疼痛並沒有好轉；家人也開始建議喝喝藥酒應該會好些，甚至於找人利用昂貴中藥材浸泡成蛇類藥酒，這下真是害慘我這原本就不喜歡喝酒的人，當我喝了幾次之後，自己感覺更不舒服也就放棄了。

疼痛時我也曾到古亭市場買德國進口的「狗皮藥膏」，貼了之後暫時減輕疼痛，但還是沒有效果。我也曾每周六上午到和平東路，靠近現今國北師附近的一家專門以貼青草膏治療方式的私家藥店，由於病患很多，每次都還要很早就過去先搶到號碼牌，我不但要很早就忍著疼痛勉強的搭計程車過去，好不容易貼了青草膏，慘的結果是貼的地方因為皮膚過敏得奇癢無比，傷得更慘重。

記得當時溫州街 86 巷附近有家中醫診所，我曾去過幾次的門診，這位老醫生是採用微電波在我腰部和髖部的震動治療方式，給我的感受是短時間內會有一點點減輕疼痛，但實際上並沒有改善的效果。

有次，二姊夫來臺北上課，特地陪我去這家中醫診所之後，他建議既然這中醫師這麼好的醫效保握，何況醫藥費用又這麼昂貴，可否乾脆與醫生商量採取保證可以醫好的長期

治療方式。當然,這結論是我再也不到這家中醫診所了。

最後的轉機是在我同事介紹去三軍總醫院的民眾診療處,掛上骨科主任姜醫師的門診,吃了幾次消炎止痛的藥之後,姜醫師介紹我到榮總住院檢查,經過兩個星期的檢驗報告出來,榮總醫院給我的診斷是屬於類風濕症的僵直性脊椎炎(Ankylosing Spondylitis),是一種主要影響到脊椎關節的慢性發炎性疾病。

展開治療的期間,我就完全遵照榮總醫師的治療指示,不再亂投醫和亂貼膏藥。這段期間二姊夫從新營到臺師大的進修,扮演的是我們後壁老家與溫州街家之間愛的親情傳遞使者。

當時託請孩子的鄉下阿公阿嬤幫忙照顧,有些時候二姊夫工作忙,比較久時間沒有將臺北溫州街的近況轉告給鄉下老人家時,父親都還會騎著機車,特地從安溪寮到新營二姊夫家問起我的病況。這是在多年之後,二姊、二姊夫才告訴我鄉下兩位老人家,除了要幫忙我照顧小孩之外,還特別關心到我身體健康的情形。

回憶這段的溫州街瑣記,那已是 30 多年的舊事了。如今,臺南後壁老家,隨著父母親的遠行之後,家鄉變成故鄉,故鄉已成他鄉;溫州街的舊居亦已易主,空留下一些回憶了。(2024-07-01 修稿)

第二部分
金華街「月涵堂」印記

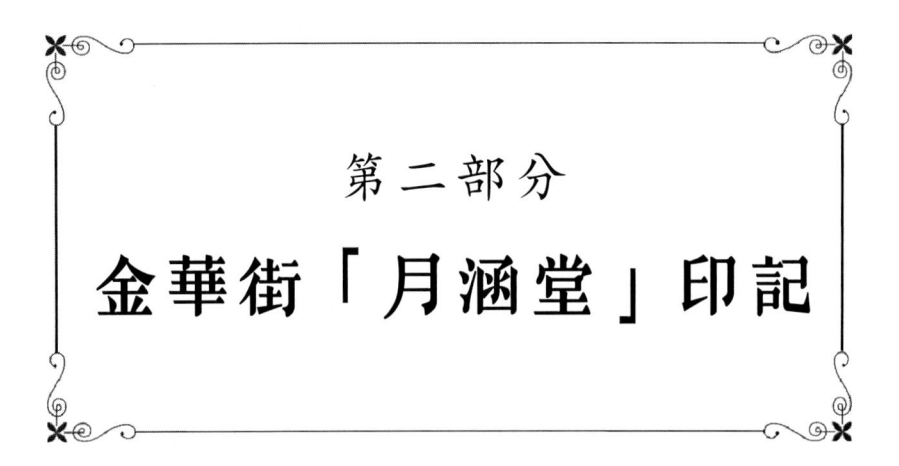

遠方鼓聲的不同步伐

梭羅在《湖濱散記》有句話，很值得玩味：「有些人步伐與眾不同，那是因為他聽到遠方的鼓聲。」

1978 年 12 月，我離開南部的教職，茲因當時蔣經國總統推動本土化政策的最後階段，我有幸在臺南縣長楊寶發的極力引薦下，在我的青年時期得有機會進入政府體制內，追隨馬星野、沈岳等人的加參與國家發展與建設的行列，前前後後的時間，直至 2000 年的我又重新回到校園，從事教書的工作。

我想深入的進一步來說，每個人對於自己所寄予生存的社會都可以有他的選擇，縱使當時臺灣還處在威權統治的戒嚴環境。有些人會選擇在體制內推動各項改革工作；反之，有些人則處在政府的對立面，而寧願選擇在國家體制外的進行有關國家社會的各項改革工程。

陳芳明先生在其《革命與詩》〈自序〉提到他參與體制外運動的心境：

> 縱身投入起伏不定的政治運動中，一方面要抵禦來自當權者的迫害，一方面又要忍受來自同樣陣營不同路線的挑戰。

陳芳明教授所陳述的是主要從事於體制外政治運動者，他都可能必須面對的兩股不同勢力挑戰。同樣地，在體制內的從事於政治改革者，他亦都可能必須面對兩股不同勢力挑戰，其一是內部保守勢力的反彈和阻擋，以及外界反對勢力的批評和汙衊。

體制外政治運動的革命者與體制內政治運動的改革者，或許無法同時放在一個時空的環境去做比較，但是對於國家長遠的生存與發展，在目標上可以是一致的。在 1980 年代中華民國的處境，面對的正是國家體制內與國家體制外的一場競爭。

1978 年底，我的選擇國民黨本土化的體制內工作，亦同樣是讓自己縱身投入起伏不定的政治改革中。陳芳明教授大作《革命與詩》的第 142-143 頁，我看到有張跨頁照片的下註：

> 一九八〇年八月二十六日於洛杉磯編輯部合照。成員右起：陳婉真，張維嘉（後排右一），陳芳明，許信良，孫慶餘，王耀南（後排二），蔡建仁（站立者）。

陳芳明教授書上的指出：

> 當晚，〔《美麗島週報》〕所有的成員都到齊了，

那時我才愕然發現不同意識形態存在於團隊之間，許信良是一個大開大闔的人，由於曾經留學於蘇格蘭的愛丁堡大學，對於左派思想的相當熟悉。因此在成立團隊時，他有意組成一個聯合陣線，容許左、右派的思考者嘗試合作。那晚的聚會似乎不太愉快，因為每個人對於報紙的未來路線，都有各自想像。

《美麗島週報》發行到 1980 年 12 月時，節奏已經穩定下來。縱然內部發生過意識形態的決裂，向來樂觀的許信良仍然堅持發行下去。當左派知識分子以及原來主編陳婉真都離去之後，主編工作就指定由陳芳明接任。他說那大概是涉入政治運動之後，他最為艱難而苦澀的階段。

陳芳明教授文裡所指其《美麗島週報》中的左派知識分子，我無法確定指的是不是就是照片中的站立者，是否就是輔仁大學歷史系畢業的蔡建仁先生。2013 年 8 月 1 日《立報》有篇〈左翼視野：蔡建仁退休的左翼聯想〉報導：

> 在臺灣學術圈知名的左翼教師蔡建仁，1970 年代中期他初抵美國參與反對國民黨獨裁統治運動時，是所有的反對者中年紀最輕、也最具有戰鬥力的年輕人，因此大家叫他「小蔡」。

政治運動本是一場艱苦的長期奮鬥歷程，本來就是各路英雄好漢競逐的場域。俗話說：「進了廚房就不要怕熱」，體制內的路線之爭本已是家常便飯，何況走的是國家體制外的政治反動運動之路，讓《詩與革命》顯得更加悲壯與哀戚了。

　　1979年12月10日，臺灣爆發了「美麗島事件」之後，臺灣社會到處充斥一股激情的氛圍。尤其是黨外雜誌對於當時國民黨政府施政的大肆批評蔚成風潮，給臺灣社會帶來極大的衝擊。

　　1980年代，我還住在溫州街的時期，每當我走過溫州街與羅斯福三段的交叉口附近，也就是現在臺電大樓對面的靠近臺灣大學新生南路地段，當時尚未起建樓房之前，大部分矮房子的書店面和地攤上擺的盡是黨外雜誌。

　　諸如：以美麗島家屬和辯護律師為主所辦的雜誌《深耕》、《生根》、《進步》、《縱橫》、《鐘鼓樓》、《關懷》、《博觀》等；以政論性為主所辦的雜誌《亞洲人》、《政治家》、《自由時代》、《前進》、《民主人》等，還有《李敖千秋評論叢書》、《李敖千秋評論號外》、《萬歲評論叢書》的出版專書。

　　這時候溫州街的臺灣大學附近，尤其是到了傍晚的下班時間，就可以看見許許多多的民眾站在書攤前，翻閱或搶購雜誌的場景。我是每天下班幾乎都要路過這地方，儘管有些時候我疼痛的腳不太聽使喚，我也都還會很勉強的不禁前去

瀏覽一番。

當時我比較會常買的刊物包括鄭南榕主持的《自由時代》雜誌，和李敖出版的《李敖千秋評論叢書》、《李敖千秋評論號外》、《萬歲評論叢書》等專書。主要的原因是處在戒嚴時期，其等刊物對於反對運動的報導，在內容上會有比較深入的探討，也會預告一些黨外人士即將要舉辦的活動。

所以，例如《自由時代》會印行禁書，江南寫的《蔣經國傳》全文；李敖千秋和萬歲評論叢書的內容，則有時候也會發表聲援美麗島家屬的文章，例如《李敖千秋評論號外3》就登出了〈給方素敏的一封信〉，和〈我們擁護許榮淑——從手執蠟燭到手執火把〉等等。

在這段的時間裡，國內黨外雜誌和書刊的一窩蜂批評國民黨政府，或許當時黨外人士所辦的雜誌實在太多了，令人目不暇及，有些報導或是分析的文字難免流於重複，導致影響了讀者的購買力。

許信良和陳芳明等人在美國出版的《美麗島週報》，當然也是非常有影響力的重要刊物之一。根據最近出版由關中口述、張景為著《明天會更好——關中傳奇》一書指出：

〔指美麗島事件發生時〕最後一點也是最遺憾的是，政治活動的領導人很重要，美麗島政團原來是許信良領導，他那時有政治魅力、手腕而且有聲

望,但他突然不見了、出國去了,到現在也不知道是甚麼原因。

根據陳芳明《革命與詩》的說法:

> 他〔指許信良〕是整個政治事件的漏網之魚,由於他的桃園縣長職位無端遭到剝奪,便利用空檔出國旅遊。他到洛杉磯不久,也正是美麗島事件爆發的時候。隔著廣闊的海洋,只能看著自己的朋友一一遭到逮捕,他簡直束手無策。大審之後,他曾經為了去留掙扎許久。他覺得應該在海外為《美麗島》雜誌復刊,因此決定到各大學校園尋訪理念相近者。

許信良在美麗島事件發生的時刻,他的不在場或許讓他蒙上「形象不好」的黨內同志批評,使得他在有意爭取1996年總統選舉的民進黨黨內提名,於1995年5月3日接受《自立早報》的訪問,他自稱「我一生最不幸的就是要親自下田」。

他最大的弱點就是外界老是認為他「形象不好」、「無法信任」,許信良說:「我檢驗我過去二十多年,我出賣過誰?我有拿人民對我的信賴去圖自己的利益?」

對於外界評論許信良「形象不好」、「無法信任」也許

沉重了些，畢竟在「美麗島事件」之後，許信良、陳芳明等人在海外發行的《美麗島週報》，確實也為臺灣民主政治的發展注入了新思潮。

陳芳明在《革命與詩》書中提到，他在《美麗島週報》使用了三十餘個筆名。而且，為積極回應 1980 年代「美麗島事件」之後，所謂「後美麗島時期」黨外新世代批判國民黨和政府的言論力道，他區隔了自己不同的發言方式，決定使用三個筆名。

這三個筆名，首先是使用施敏輝，專注於政論的書寫。其次是使用宋冬陽，集中在文學評論與歷史論述。最後是使用陳嘉農，集中於詩與散文的營造。

這個時期陳芳明教授的自述：

> 好像整個生命終於進入了我的文藝復興時期，滿腔的悲憤與憤怒再也不能止息下來。那樣的人格，再也不是我的舊友能夠認識。那種不尋常的文字演出，充分顯示了我已徹底背叛島上的黨國教育。

從陳芳明教授出版《謝雪紅評傳》、《殖民地臺灣：左翼政治運動史論》等諸多書裡的作者簡介，我得悉陳芳明1947 年出生於高雄，輔仁大學歷史系畢業，這讓我有興趣再談到同是輔大歷史系畢業，和同是來自南臺灣的蔡建仁。

我無從確知陳芳明與蔡建仁二人，他們當年 1980 年 8

月 26 日在洛杉磯參加《美麗島週報》編輯部成立之前,是否在美國就已經認識,或是在更早之前的念輔大歷史系時期,就以學長、學弟的關係存在了。

在這裡,我倒可以與蔡建仁做一點連結。我們二人是 1970 年同時進輔仁大學,他在歷史系,我在圖書館學系,平日上課我們並沒有太多的時間相處,唯一比較特殊的機會,是我們一起辦《輔大新聞》,時間大約是在 1973 年。

回溯當年我們《輔大新聞》社的成員,社長蔡傳志(化學系)、總主筆周玉山(社會系)、總編輯蘇逢田(哲學系)、總經理葉景成(經濟系),採訪主任蔡建仁(歷史系),我則忝任編輯之一。或許,因為當時校方認為我們刊物的言論過於偏激,導致被通知《輔大新聞》要重新改組。

1999 年 1 月 8 日,周玉山(筆名茶陵,曾任考試委員)在《聯合報》發表一篇〈夢迴輔仁〉寫得比較詳細。文中自述提到:

> 在校期間,我擔任《輔大新聞》總主筆,經常撰寫社論,大膽建言。時值七十年代初期,國家多難,學子沸騰,我對退出聯合國、保釣運動、中日斷交等事件多所著墨,自不免批評當道。于〔斌〕校長因此接見,多所慰勉,而無一句干涉,令我懷念至今。

上述周玉山學長的這段話，或許可以將當時我們一起辦《輔大新聞》的同學，基於愛國心切，其所發表的言論都勇於近似「革新保臺」的建議。這種言論在當時還是處於戒嚴時期的臺灣，所謂「黨國教育」的環境之下，是不被受鼓勵或歡迎的。

我們這些成員在《輔大新聞》解散之後，也就很少有機會再相聚一起了。我獲悉蔡建仁的消息要一直到 40 年後的《立報》，其所登出〈左翼視野：蔡建仁退休的左翼聯想〉的報導，我才清楚他去了美國，解嚴後從美國返臺，任教於世新大學，並投入社會運動。他以「趙萬來」等筆名撰寫評論文章，更從左翼批判的角度對時政進行評論。2023 年 11 月 13 日，蔡建仁因病逝世。

我們於 1970 年代同是來自嘉南平原，成為輔仁大學的同學開始迄今，時間經過了半個世紀之久，大家各自擁有不同的成長過程，和建立了屬於自己的人生觀。從過去 150 年以來，政治分析的主要層面在左與右，也就是法國大革命以來，形成之左派與右派政黨。

不管是支持左派或右派，或所謂的左翼或右翼。所幸臺灣已經進入一個民主化的社會，大家都可以相互尊重和容忍各自有不同意識形態的思想，這是最難能可貴的。

陳芳明《革命與詩》書中提到：

　　……一九八三年的臺灣意識論戰。……牽動了中國

意識與臺灣意識的版圖消長，也鬆動了國民黨當權派長期劃下的思想禁區，更帶動了長年被壓抑的臺灣主體意識。這是一個全新的言論場域，相較於一九七七年的鄉土文學論戰，臺灣意識論者的主動出擊，完全改變了長期遭到扭曲、醜化、羞辱的劣勢。

1979 年春，我定居溫州街，其時間點是介於鄉土文學論戰剛過，與臺灣意識論戰剛萌芽的階段。就我的觀察，迄今臺灣的族群文化政治意識形態，仍然存在著交互糾葛的三種複雜現象。

第一種是強調臺灣認同與臺灣文化，亟欲強勢建立以臺灣文化為主體，完全「去中國化」的心態；第二種是有鑒於中國文化在大陸，尤其在文化大革命時期的被破壞殆盡，強調傳統中華文化在臺灣的存續與發展；第三種是認定臺灣的原住民、福佬、客家、外省，及近年來逐漸增加的新住民等各文化的平等，成為臺灣多元文化的一部分。

我回溯自己曾經有過經歷這三種族裔文化政治的階段。在我的年輕時期，生長於嘉南平原的洪雅族、福佬家族與聚落，我對於自己語言和生活圈的感受，我容易顯現有一股閩南臺灣人的文化意識形態。

念大學的上臺北之後，發現班上同學和學校裡並不僅是閩南的臺灣人而已，而是還有其他如客家和外省等不同的族

群，雖然我學習和相處在一起的同學仍然是以閩南人居多，但我已隨著接觸層面和生活環境的擴大，在族裔文化政治認同上已逐漸有了調整。

等到我進入社會的在體制內和執政黨部門的工作環境，雖然蔣經國推動本土化政策，但是在當時戒嚴時期族裔文化政治的優勢之下，我感受到權力核心相關部門的偏重於強調傳統大中華文化主導心態，我的本省籍和南部成長的背景，讓我的族裔文化政治認同始終被認為是處於權力邊緣的困境。

2000 年之後，我重回校園，教學與研究環境提供我更廣闊的閱讀與自由書寫的空間，特別是我在整理審修《臺灣政治經濟思想史論叢》等著作時，我採取政治經濟學的研究途徑，論述文化政治認同移動性理論，認為臺灣原住民、福佬、客家、外省，及新住民等，各文化族群的人權與公平正義，成為中華文化為主體的臺灣多元文化思維。檢視當前臺灣族裔文化政治認同的並存「臺灣意識」、「中國意識」，和「臺灣多元文化意識」等三種現象，凸顯了政治經濟推力的關鍵性。臺灣實施民主政治多年，也歷經了多次的政黨輪替。民主就是「人民做主」的真諦，普遍為大家所理解。民主政治代表著是國家領導人、政治領袖、民意代表等都是由民選產生，他們的權力和功能的角色都只是扮演選民的代理人，他們對於「臺灣意識」、「中國意識」，和「臺灣多元文化意識」等三種現象，在沒有任何一個取得主要優勢和共

識下,執政黨和政府也都只能謹慎為之。

陳芳明《革命與詩》提到,〔1974年〕出國前,曾經與張俊宏有段短暫的見面,因為張俊宏邀請他擔任《大學雜誌》文藝欄的編輯。

陳芳明教授指出:

> 張俊宏屬於國民黨的新生代,對於政治改革抱持著巨大夢想,當他發覺國民黨的本土化政策只是一種攏絡的手段,不可能出現具體可見的改革,便果敢地與許信良聯手退出國民黨。在那保守的時代,他們與國民黨決裂,似乎已經預告歷史就要發生變動。

有關國民黨的本土化政策的開始實施,林孝庭《蔣經國的臺灣時代:中華民國與冷戰下的臺灣》指出:1971年秋天聯合國大會投票前夕,並引用《蔣經國日記》(1971年10月1日)蔣自記:

> 在政治上,組織彈性化,人士均衡化,今後立法機構代表之產生,應不拘泥於現有法律,並選擇適當之臺籍人士,任必要之職務。總之,確保民心之團結與安定,實為當務之急。

林書又指出：

> 對初掌國政的蔣經國而言，他既然不可能在「體制外」接受臺獨建國，而拋棄「一中」原則又將嚴重傷害執政的法統，如此一來，擴大臺人於「體制內」參政，強化國府在島內的代表性以符合廣大民意的殷盼，成了一條不得不選擇的道路。

在「革新保臺」的思維下，蔣經國於 1972 年春天奉命組閣，大幅改組人事，史無前例地延攬六位臺籍人士入閣。美方對新內閣的評價極為正面，臺灣民眾的反應也普遍良好，並肯定「本土化」的工程背後，也有不足為外人道的甘苦。

《蔣經國日記》（1972 年 4 月 7 日）記：

> 本省籍之高級人才稀少缺乏，不是不想用本省人，而實在是需要有一段時間來培養他們。

雖然蔣經國用心良苦，但在面對風起雲湧、民心思變的臺灣社會，他於體制內推動「本土化」工程顯然無法滿足一股希望臺灣政治走向「民主化」的強烈籲求。

彭明敏於 1996 年 12 月 2 日在《中國時報》發表一篇名為〈獨立和本土化之我見〉的文中指出：

> 有人以為現任總統為本地人，就認為臺灣已經本土化了。可是要判斷政府是否本土化，不是以元首是否土生土長，各層公職人員是否土生土長，或執政黨員是否多數為土生土長來判斷，而應該看該政府的法政機構、基本國策、教育文化政策、社會價值觀念等是否以本土為主體，這才是判斷的標準。從這個觀點來看，臺灣的憲法和相關法制，不是以本土為主毋庸多言。

如果以彭明敏所訂的「本土化」定義，顯然蔣經國的本土化政策直到他1988年過世時都還未實現，而1996年3月李登輝與連戰經過直接選舉產生的當選第九任總統、副總統；6月，連戰副總統仍繼續兼任閣揆，又歷經李登輝的多次修憲，直到2000年的國民黨失去政權，臺灣的「本土化」工程都仍未能完成。

2001年10月7日，國民黨主席連戰藉由參加辛亥革命90周年國際學術研討會開幕致詞表示，當前國家未統一，本土化卻被扭曲利用。相對地，李登輝被國民黨撤銷黨籍，並利用出席日本作家小林善紀《李登輝學校的教誨》新書發表會表示，國民黨還能走到今天的路，是走本土化的結果，不然早就沒有了。

上述這段國民黨從1970年代「革新保臺」之後的推動「本土化」工程，我回憶自己在大學時期接納國民黨「革新

保臺」的思維,並在之後的響應體制內「本土化」政策,直到 2000 年 2 月 1 日離開,而重新的回到校園,轉而專注彙集整理《臺灣政治經濟思想史論叢》學術論文和其他地方志的自述性文字。

　　1974 年 9 月,我還有篇《臺灣公共圖書館事業發展的障礙在哪裡?》發表於《大學雜誌》。回首已過半個世紀了,讀了陳芳明教授在《革命與詩》中的提到許信良(曾任職於國民黨中央組織工作會)、張俊宏(曾任職於國民黨中央文化工作會)與國民黨本土化政策的關係,讓我特別心有戚戚焉的記述下來。(2024-07-04 修稿)

從剪報談金華街「月涵堂」

2021年5月，我為撰寫「溫州街瑣記」專欄的整理舊資料，翻出了多年前我從剪貼簿撕下，並保存下來三張報刊剪報的畫面，旁邊留有我手稿說明活動的辦理情形。

我先檢視有我特別註明文字手稿的兩張，其日期分別是1981年元月8日和9日。第一張是1981年元月8日，是我剪貼自《中央日報》於1980年12月30日，登載的照片畫面和消息報導。標題「蔣彥士勉北市新聞工作同志 發揚民族傳統精神 為國家創造新契機」。

內容大略：中央文化工作會及中國新聞學會邀請臺北新聞工作同志，在臺北賓館舉行年終聯誼園遊會，蔣彥士（當時中央委員會秘書長）應邀在會中講話。他同時代表中央委員會，對新聞工作同志一年來的努力，表示讚佩。蔣彥士並由中央文化工作會主任周應龍，和中國新聞學會理事長馬星野陪同，參觀了各攤位，並向與會同志致意。

我在該剪報圖片旁的手稿註明略為：據了解雖名為年終聯誼園遊會，最主要目的是為1980年12月6日，增額中央民意代表的選舉輔選成功，中央對新聞從業同志表示感謝之意。照片中除了蔣彥士講話，周應龍站左邊之外，後排左起為余紀忠（中時董事長）、馬星野、王士祥，再後排有楚崧秋（中視董事長）、梁孝煌（中央組工會主任）。

第二張是1981年元月9日的這張，我手稿先註明略為：1981年元月9日，新聞黨部舉辦婦女同志座談會，此項座談會的意義，因為本黨在70年3月29日要召開第十二屆全國代表大會，為了廣開言路，集眾人智慧，特舉行座談會。

　　然後在該圖片剪報旁的手稿再註明略為：新聞黨部主任委員馬星野陪同中央婦工會主任錢劍秋巡視考場的畫面照片。我在該剪報旁的註明：這張照片是1979年，新聞黨部為紀念先總統蔣公逝世四周年，舉辦婦女同志研讀《蔣總統秘錄》心得比賽（測驗）。

　　有關《產經新聞社》出版的《蔣總統秘錄》一書，有比較深刻的印象，是因為我於1973年在學生階段時候，就曾在一家名為《中外產經雜誌社》工讀，擔任助理編輯。當時適逢發生以色列與阿拉伯戰爭的爆發石油危機，和國內出現嚴重勞工問題所引發的遊行示威，我依照總編輯的指示為該雜誌寫了評論文章。

　　因之日本《產經新聞社》，當我於1978年底工作穩定，開始上班之後，我發現我們辦公室擺放了多本由《產經新聞社》翻譯過來的《蔣總統秘錄》。這書由日本人古屋奎二主筆，是《產經新聞社》於1974年8月15日起，以《蔣介石秘錄》為名，開始在該新聞社的連載，每周刊載6天，每天平均字數約2,500字，直至1976年12月25日為止。

　　同一時期《中央日報》也配合做中文連載，副標題為《中日關係八十年之證言》。中央日報出版的這套《蔣總統

秘錄》，那時候是在秦孝儀擔任中國國民黨副秘書長主導下完成，楚崧秋、吳俊才是先後的中央日報社長。全套書是黨史會編撰，陳在俊先生翻譯。陳先生曾追隨中央黨部秘書長唐縱先生赴日代表時多年，曾任其機要秘書。

對於《蔣總統秘錄》的連載意旨，《產經新聞》聲言：《蔣總統秘錄：中日關係八十年之證言》，是站在中華民國蔣總統的觀點，回顧並展望 20 世紀中國和日本的歷史，希望能有所裨益於中日兩民族真正友好的基礎。我們這些生存在現時代的人，負有對於後世流傳歷史事實的義務；我們必須肯定「事實就是事實」，要儘可能忠實地把它記錄下來。

《產經新聞》更訪問宋美齡、蔣經國等家族關係者，和追隨蔣中正的張群、何應欽，以及曾為重要事件當事人，如魏道明、顧祝同、黃杰等人。中國國民黨無條件提供黨史官方紀錄、總統府公文書、外交文書、戰史資料、蔣中正講詞、蔣中正日記、蔣中正回憶錄等過去從未公開過的重要文獻，例如《雅爾達協定》強迫中國犧牲的外交談判真實紀錄。

《產經新聞社》與《中央日報》合作的大張旗鼓出版《蔣總統秘錄》，也難免招來花大筆經費的大搞「內外宣」之嫌，但從中華民國為讓世人了解蔣介石、中國國民黨、中華民國與日本的密切，透過日本《產經新聞社》的對外宣傳，與臺灣《中央日報》的對內傳播，是有其效果和具歷史性意義的。

近日來，臺灣有關新冠疫情的疫苗問題，日本《產經新聞》的最先報導，接著日本政府有意提供臺灣新冠肺炎疫苗的友善回應。中國大陸和日本都願意協助臺灣解決疫苗的問題，從人道主義關懷的觀點和立場，都是為了救人命的目標一致，其居心到底是如何？我們是不是可以不必去做太多的政治聯想。

第三張剪報是我剪自1984年6月22日《中國時報》的報導：標題「李副總統勉新聞界 振奮人心扶持國運 鼓舞社會發揮教育功能」。消息報導李副總統登輝二十一日應「中國新聞學會」之邀，在該委員會議中，以〈新聞界與國家之前途〉為題，發表專題演講。

第一張和第二張剪報時間，是發生於1980年底與1981年初，當時我們的辦公處所就是租用在臺北市金華街清華大學臺北辦事處「月涵堂」二樓。而我是在1981年7月調離此地。所以，第三張剪報的時間，是我已經調往中央服務之後所特別保存下來的資料。

金華街「月涵堂」，是我於1978年12月起，至1981年7月的兩年半期間，我從溫州街搭欣欣253號公車前往，到政大公企中心站下車，步行可到上班的地方，它是我人生重要工作轉折的出發處。

回溯自己在這段期間，能有機會追隨馬星野主委的愉快做事，是我人生接觸新聞與黨政工作的啟蒙；我也有幸在自己「為稻粱謀」的工作環境下，參與國家建設的展開另一階

段人生。

　　臺北金華街「月涵堂」的記憶，我在 2018 年拙作《文創漫談》，其中有篇〈清華大學「月涵堂」的文創意涵〉一文中，亦略有述及，提供給有興趣者參考。（2021-05-31）

馬星野梅貽琦沈君山與清華大學

　　記述馬星野先生與清華大學臺北辦事處「月涵堂」的有關文字，其描述事件發生的時間大抵聚焦以 1980 年代前後為主，尤其在攸關「高雄事件」（美麗島事件）議題的新聞報導部分著墨較多。

　　現在我發現有必要針對其「前溯緣由」與「後續發展」的兩部分來加以增述。先談「前溯緣由」部分：

　　馬星野先生（1909-1991），浙江平陽人。14 歲時，考入浙江省立十中並獲朱自清賞識。其後，又先後考入廈門大學、中央黨務學校。畢業後留校擔任同學會總幹事。1928 年 8 月，羅家倫先生出任清華大學校長，馬星野先生任校長室秘書。1930 年 5 月，羅家倫先生辭去校長職務，馬星野先生於 1931 年，前往美國密蘇里大學新聞學院就讀。

　　1934 年，馬星野先生返國後在中央政治學校（臺灣政治大學的前身）任教，年僅 26 歲的馬星野一方面籌辦新聞系，一方面開始在中央政治學校外交系開課，當時的系主任羅家倫先生還怕他年紀太輕會被學生轟（質疑），於是讓他先在外交系四年級開「新聞學」選修課程，隔年新聞系成立，馬星野先生就出任創系的主任。

　　1931 年，梅貽琦先生接替羅家倫先生的清華大學校長職位，一直到 1962 年，他在臺灣的因病過世，梅貽琦先生

擔任校長長達 31 年之久。趙賡颺在《傳記文學》第四十卷第六期發表〈協助清華在臺復校瑣憶——為紀念梅校長逝世二十周年作〉略述：

> 清華籌備處所租〔臺北〕中華路七十七號之院宇尚佳，惜房間甚少，乃急於購置一屋，作臺北辦事處——校長住、辦公，接待各機關學校人士，並供新竹本校來臺北辦事員工留宿。最後選定金華街110號現址，乃一教會甫經遷出之空屋，地皮面積四百五十坪，後半有檜木之活動房屋四五間，屋主為曾任臺灣警備副司令之紐將軍。因此很順利地以五十六萬成交。清華籌備處自四十五年〔1956〕七月結束，改為臺北辦事處，梅校長於二月梢先單獨遷往金華街新舍辦公，亦有就便監督興建修理等工程之意。

趙賡颺先生的文字詳細敘述了清華大學臺北辦事處的成立、購地、興建，和梅貽琦校長遷居新舍辦公的經過。也因為有這一位在臺北金華街的清華大學臺北辦事處廳舍，加上馬星野先生在大陸時期曾追隨該校第一任校長羅家倫的擔任校長室秘書的原由，讓我自動聯想 1980 年代前後，馬星野主持中國新聞學等單位之所以能順利租用該處辦公。

「後續發展」部分：回溯清華大學自創校到在臺灣復校，主持校政的重要人士皆屬開明治校的校風而聞名，乃至

於在臺灣曾擔任清華大學校長的沈君山,願意在臺灣政治發生重大爭議事件時挺身而出,協調化解爭端,例如早年他提出「革新保臺」觀點,迄今仍是研究臺灣政治經濟發展討論的重要課題。

　　過去和當今的清華大學之光,吾家亦以有女畢業自該校經濟研究所為榮。(2021-07-05)

馬星野楚崧秋與中國新聞學會

1978 年 3 月 21 日，國民大會投票選出蔣經國為總統，政府並預定年底舉行增額中央民意代表的選舉，可是選舉進行到了 12 月 10 日，美國宣布與我國斷絕外交關係，政府不得不宣布中止選舉活動。

1979 年 12 月 10 日，恢復選舉，不幸爆發「高雄事件」，警備總部將黃信介等 8 人以叛亂罪起訴，送軍事法庭審理。陶涵（Jay Tayor）《蔣經國傳》敘述：國民黨的學者改革派，以及楚崧秋等溫和派主張軍事法庭公開審理高雄事件。最後，蔣經國裁定，軍事審判過程公開，被告在庭上的聲明也准許報紙報導發表。

這期間的馬星野、楚崧秋與「中國新聞學會」的角色。根據曹聖芬《懷恩感舊錄》敘述，民國 24 年在中央政治學校新聞系創立的最初階段，馬星野先生就以新聞系師生做基本會員，組成立新聞學會。

馬星野先生 1947 年當選國大代表，1952 年擔任中央委員會四組（文工會前身）主任，1972 年接下「中國新聞學會」理事長，1973 年擔任中央通訊社董事長，和國民黨新聞黨部主任委員，至 1985 年的轉任國策顧問。

楚崧秋先生於 1978 年底，任中央委員會文工會主任；1980 年 7 月，調任中國電視公司董事長。1985 年，接「中

國新聞學會」理事長；1998 年 6 月，卸任交給世新大學校長成嘉玲。1999 年，將國民黨新聞黨部主委一職交給新聞局長程建人先生。

1999 年 8 月 20 日《聯合報》登載龔濟〈談新聞局長兼領新聞黨部〉一文敘述，自中央政府遷臺設新聞局長以來，歷任局長從「三沈」的沈昌煥、沈錡、沈劍虹，經魏景蒙、錢復、宋楚瑜，以迄邵玉銘、胡志強、蘇起、李大維，沒有任何一人兼領執政黨新聞黨部。

該文更強調新聞局不是做生意的，它的工作對象是新聞媒體，它的工作內涵與精神關涉民主政治的精髓——言論自由。它的獨立性愈高，客觀性愈強，中華民國民主政治的基礎才愈鞏固。因而，嚴厲批評行政院新聞局長程建人不該兼領新聞黨部主委。

檢視上述，馬星野與楚崧秋二人的主要經歷，他們都曾先後擔任「中央委員會四組（後改稱中央文化工作會）」主任、「中國新聞學會」理事長，和「新聞黨部」主任委員等職位，「中國新聞學會」是肩負服務新聞從業人員，而「新聞黨部」則是聯繫黨員同志的工作。

陶涵（Jay Tayor）《蔣經國傳》敘述：楚崧秋在擔任中央文工會主任的公開表示，1978 年間，許多報紙報導反對派候選人及支持群眾聚會的消息，他認為這是報界開放的好現象。以及他主張軍事法庭公開審理高雄事件過程的公開，被告在庭上的聲明也准許報紙報導發表。

檢視 1978 年選舉活動的延續，以及 1977 年所發生縣市長選舉的「中壢事件」之後，再經 1979 年 12 月爆發的「美麗島事件」，乃至於後來媒體實況報導的軍事法庭審理過程，那時候馬星野先生是「中國國民黨新聞黨部」主委，在國民黨組織體系隸屬「中央文化工作會」，遵從楚崧秋主任的領導。當時臺灣雖然還處在戒嚴體制的環境下，臺灣民主政治和媒體言論自由卻已有了開放的尺度。

　　1980 年前後，國內最重大新聞報導事項，要以 1979 年 12 月 10 日晚上發生在高雄市的遊行示威，所導致的暴力流血事件，也就是史上所稱，和影響臺灣政局的「美麗島事件」。

　　政府治安當局先後將涉嫌分子依法逮捕偵訊，其中八人於 1980 年 2 月 20 日經軍事檢察官依叛亂罪嫌起訴，並自 3 月 18 日起在軍事法庭進行了長達九天的公開審訊後，於 4 月 18 日宣判。

　　在這一段時間裡，國內各大報紙、電視、廣播媒體，對於審、檢、辯、被告各方有關論告、辯護、陳述等過程均予報導。執政的國民黨為了讓國人對該事件的審理經過有更進一步詳細的了解，特由當年負責新聞宣傳的中央文化工作會，其所屬《時事週報社》匯集各界輿論反應，分別於 1980 年 4 月印行《崇法治・正視聽——「高雄暴力案」的起訴與審訊（初集）（續集）》，6 月再印行（第三集）。

　　檢視戒嚴時期過去對於軍事檢察官依叛亂罪嫌起訴、法

庭審訊，和宣判的案子，政府單位未曾有過如此公開審判過程，以及開放媒體自由報導的作法。根據《崇法治‧正視聽——「高雄暴力案」的起訴與審訊（第三集）》的〈編輯說明〉指出：

本案從起訴、審理、判決到覆判等一切過程，充分顯示了公開、公正、公平的原則，及政府貫徹民主法治的決心；新聞傳播事業亦都秉持公正、客觀的態度，據實剖析，匡正危害國家安全及社會大眾福祉的謬論飾詞。

我們理解當時政府單位針對「美麗島事件」所採取的開明立場和開放態度，如果沒有有關單位的建議，層峰的同意或指示，處在戒嚴的氛圍時期是不可能做得到的。

當時負責「中央文化工作會」主任是楚崧秋先生，有關「美麗島事件」軍法審判的開放新聞報導的尺度，主要是因為當時有負責文宣工作楚崧秋的開明主張和向上峯的建議。

據曾任職《中央日報》副刊編輯的周伯乃先生轉述，楚先生有擔當，肯負責！是其所了解的特質。當年紀姓運動選手競選立法委員，沈君山替她寫一篇將近 5,000 字的文章，在第二版以專欄的形式，分上下兩天刊出，被上峯認為所有異議，中央常會結束後，當天下午楚先生就提出辭職！

承上述，這是 1980 年前後楚崧秋在擔任《中央日報》社長，和「中央文化工作會」主任時期，在處理當時國內複雜政情方面所持的開放態度。林孝庭《蔣經國的臺灣時代——中華民國與冷戰下的臺灣》略述：

1980 年 4 月 1 日，原本於臺、美斷交後臨時組成的反統戰「固國小組」，正式轉型為「王復國辦公室」，直屬國民黨秘書長辦公室管轄，由王昇擔任主任，並從各黨政部門精選幹部時五名擔任幕僚，為了業務所需，另設有基地、海外、大陸三個「工作研究委員會」，分別指派正、副召集人來推動各項工作，一年後該單位更名為「劉少康辦公室」。這單位正式成為以王昇為首所代表的保守系統。

我記述《美麗島事件》發生的 1980 年前後，從開放新聞報導的自由民主尺度，對照「劉少康辦公室」成立的政治保守立場，凸顯當時國內政治情勢正面臨重大轉折的關鍵時刻。

我曾有過經歷這一階段的發展歷史，也部分記錄在我古稀之年所完成的拙作【元華版】《臺灣政治經濟思想史論叢》，未來希望能再做更精進的增（審）修內容。（2021-07-09）

魏景蒙與陳薇的愛情故事

1978至1980年，我服務單位的辦公室，位在金華街110號月涵堂的2樓，是向清華大學臺北辦事處承租的房子。我很幸運常有機會參加由馬星野主任委員主持的會議，參加會議的人員有魏景蒙、曹聖芬、姚朋、錢震、耿修業、羊汝德等新聞前輩。

每次馬星野主委主持會議的時候，沈岳先生會坐在馬先生的身邊，有些時候因擔心會議中偶爾出現有冷場情形，馬先生就會特別請當時任《英文中國日報》魏景蒙社長發言，表示看法或者講幾則笑話。若逢重大事件，馬先生更會請教魏先生有無內幕消息。耿修業是馬星野的得意學生，在會議中馬先生亦常指名《大華晚報》耿修業社長發言。

魏先生說笑話是出了名的，根據周伯乃先生轉述：

> 有一年國民黨開黨代表會，在陽明山中山樓，星期六下午與會同志都下山了，經國先生還要求他們廣播找魏景蒙先生去辦公室聊天！因為魏先生與經國先生私人甚篤，經國先生也經常輕車簡從到忠孝東路三段的魏家，找魏景蒙聊天。

魏景蒙大家習慣稱呼「魏三爺」。我閱讀《傳紀文學》

有他遺孀陳薇回憶〈魏三爺與我〉的文章。日前我整理剪報又重讀了這篇〈魏三爺與我〉，陳女士的文筆和對夫君的描述，處處充滿感性與感恩的濃郁之情。

　　周伯乃敘述：魏三爺生前指導陳薇（陳春子）女士創作，陳薇寫了很多他的笑話，出版過好幾本！春子現在住高雄，經常還有與他 Line 聯繫，她有時會回三峽！周伯乃先生還提到當年他在革實院服務時的主任（教育長）是吳俊才先生，他是馬星野先生的妹夫，夫人馬均權女士在《中央日報》主編〈家庭〉版至退休。

　　魏景蒙妹妹魏惟儀嫁給曾任駐美大使沈劍虹。馬星野先生與林語堂先生私交甚篤。林語堂先生的侄兒的夫人周素珊（筆名畢璞）主編《公論報》副刊多年，其先生林翊重（又名伊仲）任職於《中央通訊社》，直到限齡退休。林翊重是林語堂三哥林憾廬的兒子。我剪報中，發現有篇 1989 年 4 月 10 日《中央日報》詹悟發表的〈詞中有誓兩心知——魏三爺與陳薇〉提到：陳薇只有小學畢業，三爺愛她，可說是同情成分居多。她十五歲歸魏，二十七歲為三爺生了一個兒子，三爺去世時，她三十五歲，聽憑魏家人取三爺任何遺物，兒子魏文元不得繼承遺產、訃聞上不列她的名，她一無怨言等等。

　　我從詹悟的文中，判斷作者與陳薇應極熟悉？周伯乃先生略述：的確是如此，而且魏三爺留下忠孝東路的房子也不得不賣了來貼補家用，搬到三峽去較廉價的房子！詹悟與我

（指周伯乃先生）見過幾次面，當時還在省政府任職？是不是在省新聞處？記不得了。後來經查證陳薇女士提到，她們很熟，她與詹悟的太太很好，並說，詹悟後來任彰化縣社教館館長退休。作家柯錦鋒先生補充：詹悟與他在中部見過數面，已經到天國安息了。

讀陳薇撰寫的〈魏三爺與我〉，引發我憶起 1980 年代前後，有幸從與馬星野、魏景蒙、耿修業等諸位新聞前輩的共事中，學習很多；也讓我從同輩周伯乃、柯錦鋒等學長的 Line 交談中，了解了更多有關魏三爺與遺孀陳薇之間的逸事，亦有補實 2018 年拙作《文創漫談》（電子書）〈清華大學「月涵堂」的文創意涵〉一文的內容。

《大華晚報》社長耿修業有篇〈懷念吉美——紀念魏景蒙先生逝世周年〉回憶：

> 在新聞圈中，吉美比我們入道早，他應是先進；他對新聞事業，他對社會國家，俱著有珍貴的貢獻，可是他從不習慣於炫耀過去的經歷，也鮮言他得意的事。他是很多人的好朋友，純真熱忱。他永遠年輕，不以老前輩自居。蔣總統經國先生給吉美的輓額是：「平凡可親」，這真是對吉美有着最親切的了解。

「平凡可親」也是我在參加多次會議中對他的待人誠懇

與發言謙遜的真實感受。不僅於此,我發現他非常專注於別人的發言,而且勤於寫筆記。耿文還特別再記述:上了年紀的人,乘車,坐飛機,參加開會,總愛閉起眼睛,似睡非睡,修養精神,而吉美從還無這等。也就是說,吉美永不知老之將至。他參加任何大會、小會,從不使自己空閒,臺上人開始講話,他打開筆記簿振筆疾書,專心致志,興趣盎然,一點也不厭倦。

魏景蒙這「打開筆記簿振筆疾書」的景象,我可以從多次與他開會的經驗證實之外,我還發現另外也有位前輩亦有此好習慣,就是當時服務於《中央日報》副社長的姚朋(彭歌)先生,他的勤於作筆記,或許與他們擔任主筆和搖筆桿性質的工作也有密切關係吧。他們的這些習慣也影響我至今。

《大華晚報》記者郭信福先生回憶:

> 民國 76 年左右,在《大華晚報》服務的時候,常被耿修業社長指定在他們新聞界大老們聚會中,當代喝(可以說是陪酒,如今的代駕或許是同一道理)!出席的如馬星野、楚崧秋、錢震、卜少夫等等大老,席間只有我一個小伙子!最讓我至今仍然印象深刻的是,卜少老對我說的一句話,使得指定「陪酒」的我,沒有推辭的理由:年輕人不喝酒,愧為少年郎!當晚,我真的醉了,勉強回到家,立

刻狂吐！幸虧我四叔幫他打了解酒針、並打了點滴補充營養，累慘了老婆！～人在江湖・身不由己！～確有其事！吃頭路，老闆交代的事情，怎敢不依？

魏景蒙與卜少夫的朋友相知交情，可從卜少夫在陳薇〈魏三爺與我〉的序文裡說：

> 魏景蒙一生來往的女人，除掉他最早正式結婚的那一位外，其他，差不多我都熟識或知道。我很奇怪，她們大多數來自風塵，或複雜環境中具有多樣性的英雌。三爺書香世家出身，幼年青年教育也很完整，深受儒家思想浸潤，何以在男女關係上，卻不受傳統禮教束縛，而不恤人言，作多次突破？研究他的性格，便知道他天生有同情弱女子的宿根，他的戀愛以憐愛的成分居多。

1989年6月14日《中央日報》登出潘秀玲的一篇〈風流可乎？〉指出，魏景蒙、卜少夫的性好漁色使身旁的陳薇、卜夫人身受其苦，而兩個男人不僅我行我素，也為享受眾多女人的「服侍」而自豪。

魏景蒙、卜少夫的風流可乎？在此不是我要評論的重點，我關注《大華晚報》社長耿修業在其該文中提到：

> 蔣經國給吉美的「平凡可親」輓額,和「吉美永不知老之將至,他參加任何大會、小會,從不使自己空閒,臺上人開始講話,他打開筆記簿振筆疾書,專心致志,興趣盎然,一點也不厭倦。

耿修業社長主持下的《大華晚報》,長期以來一直就是我喜歡閱讀的報紙,我也常在其報紙上發表文章。尤其是在吳娟瑜女士主持該報的副刊時,拙作〈一段往事:我構思撰寫「近代學人著作書目提要」的經過〉、〈書櫥的聯想〉、〈理想與現實〉、〈豐收之行——韓國國會圖書館印象記〉、〈資料會說話〉等多篇文字,都是寫於1980年代的解嚴前後,現在這些文字都已收錄拙作【元華版】《臺灣政治經濟思想史論叢》。

我讀陳薇〈魏三爺與我〉,也讀到前《臺灣新生報》社長石永貴發表在《傳記文學》第四十二卷第五期的紀念魏景蒙社長文字。文章篇名〈千古一奇人——魏景蒙先生〉,石永貴在該文內提及,當年中央通訊社成功地在沙烏地阿拉伯成立中東採訪處,對於特派員一職,當時的魏景蒙社長費盡心思,明查暗訪,尋求適合人選。

根據石文的記述:

> 因為我〔指石永貴〕在文化工作會的關係,他〔指魏景蒙〕也不把我當外人,向我說明了這個特派員

的重要性以及可能人選、背景，甚至優缺點，他要我考慮，並分別與家父（由於中東回教國家政教領袖共同朋友，他早與家父相識）及吳主任叔心〔指吳俊才，馬星野妹夫〕先生商量商量，再回話。回到辦公室，據實報告吳主任。叔心先生毫不考慮地說「還是不去好」，理由是這個工作固然很有意義，但相較之下，還是我當時的工作，更能發揮，更能對於黨及新聞界做較多的服務。

我的了解石永貴當時的職務是中央文化工作會總幹事，吳俊才主任是他的上司，他沒贊成石永貴去接《中央社》中東特派員，後來石永貴接了《臺灣新生報》總編輯兼副社長，因為表現優異，半年後升任社長。接著又調任《臺灣電視公司》總經理，和在吳俊才先生擔任《中國電視公司》董事長時期，擔任旗下的總經理等重要職務。

我是在石永貴擔任《臺灣新生報》社長期間，因為工作上關係，常利用開會之便，到他社長辦公室拜訪，承蒙他送我當時該報出版部發行的多本書刊，也鼓勵我多寫東西，能多在其報紙上發表文章。

石永貴先生在調離《臺灣新生報》社長之後，社長一職曾經是由我當時服務單位的，也是非常愛護我和指導我的長官沈岳先生，他在調任址設高雄《臺灣新聞報》社長之後的改調《臺灣新生報》社長。

上述這段新聞界的人事調動情形,其牽涉的關係如:魏景蒙與石永貴、石永貴與吳俊才、吳俊才與馬星野、馬星野與沈岳等等,他們有的長官部屬關係、有的是親戚同事關係,其發生的時間都是在 1980 年代前後的事情。

　　檢視我之前在《臺灣新聞報》和《臺灣新生報》發表文章的時間,卻都是在石永貴與沈岳的分別調離社長職位之後。2001 年 5 月,我陸續地在《臺灣新生報》發表一系列,有關兩岸政經議題專欄的文章,那已是我 2000 年回到學界之後所發表的作品了。

　　1983 年 4 月 28 日,葉明勳在《聯合報》發表一篇〈魏三爺的真性情〉回憶:

> 臺灣光復不久,他〔指魏景蒙〕擔任中央宣傳部上海辦事處主任,民國三十五年間,他率領了一個外國記者團來臺,那時候我〔指葉明勳〕代表記者公會在新蓬萊餐廳招待他們;三杯酒過後,傑米〔指魏景蒙〕表演了他的語文天才,淋漓盡致,不知怎麼談到西遊記,為了表演孫悟空,傑米還在地上打起筋斗來。

葉明勳文中又談到:

> 晚年的葉公超先生,心情落寞,有好幾次傑米和我

陪他同席。公超先生常常終席一語不發,有時對傑米發言,往往不按理出牌,傑米總是舉杯相向笑語怡然,那種風範,真是堪稱知心「老朋友」。

葉公超與魏景蒙的知心「老朋友」,我們可以從魏景蒙的妹妹魏惟儀在1983年1月14日《中國時報》發表的〈同林泉選一答兒清幽地──景蒙三兄百日祭〉的文中感受得其「哥倆好」出來。

魏惟儀在文中提到:

三哥你知不知道今天就是你逝世的百日紀念?就在這天要把你骨灰葬在金山墓園。為你選永久安息的地方,小蒙曾和我商量過,她本來認為金山墓園太遠,不如找個近一點兒的可以隨時弔祭,但我覺得你在地下也要有一兩個知心的朋友才不會寂寞,金山墓園有葉公超先生,你們空了可以煮酒談詩品茗論學或是講講你倆的「共同嗜好」。

葉公超歷任外交部長、駐美大使,魏惟儀的先生沈劍虹亦曾任駐美大使。1983年間,魏惟儀連續在《聯合報》發表了一系列有關隨夫駐美期間的回憶,諸如:1983年1月14日〈歸去來〉、3月14日〈双橡園之戀〉、4月15日〈双橡園的女主人〉、7月23-24日〈駐華府使節浮沉記

（1971-1980）〉等等。

另外，1983 年 4 月 26 日發表於《中國時報》的一篇〈玉宇瓊筵〉，文內特別提到葉公超大使的宴客軼事：

> 我們在華府舉行過八次國慶酒會，每次都相當圓滿，自然是全體合力之功。美國人最愛吃的是春捲（他們呼之為蛋捲 eggrolls）喜歡到不可思議的地步，所以春捲都要比其它點心多一倍。據說葉公超先生做大使時，有一年心血來潮要把國慶酒會的點心換換花樣。他自己很喜歡吃油條，於是叫大師傅將春捲改為油條。國慶的第二天（十月十一日）《華盛頓郵報》登載大使館酒會的新聞中間有一段說：「中國大使館今年大概是為了省錢春捲裡沒有放餡兒！」

馬星野先生與魏景蒙先生的先後出任中央通訊社社長，馬星野先生的妹妹馬均權女士的嫁給吳俊才先生，可媲美於魏景蒙先生的妹妹魏惟儀女士的嫁給沈劍虹先生；吳俊才的《中央日報》駐印度特派員，可媲美於沈劍虹的出使美國；馬均權的烹飪美食，可媲美於魏惟儀的寫作文采。

1997 年，我有機會到美國紐約參加 PDU 會議，雖無緣造訪當時双橡園，和想像胡適、葉公超、沈劍虹等大使，當年他們在華府外交工作上所留下的身影。但我的華府之行，

卻也為我留下與當年時任眾議長金瑞契（Newt Gingrich）的合影，和白宮前道上、林肯紀念館、世界最大連鎖書店 Barnes & Noble Booksellers 的足跡。

1984 年 1 月 5 日，李嘉先生發表在《聯合報》的一篇〈此情可待成追憶——景蒙的字與我的詩〉。「此情」是中央通訊社東京特派員李嘉娓娓細述著與景蒙之間的交情：

> 人在最悲戚的時候，說不出一句話，掉不下一點眼淚，因為沉默是最悲痛的反應，最強烈的抗議。我〔李嘉〕與景蒙相識四十二年，相交三十二年，他視我如友如弟，情同手足。他的死，對當時遠在日本、日夜期待他早日康復的我，是一生中最深沉的悲痛，亦是我向天對人的最大抗議。景蒙撒手西去以後，我停筆到今天，無一紙追悼之詞，恪守「不立文字，不著語言」之教，而古人亦說過：「哀莫大於心死」，景蒙「身亡」，李嘉「心死」，這實在是我年來真正的心情，有幾人知曉。景蒙悄悄地走了，留下的是懸掛在我東京書齋內的一幅二人合作的立軸，我作的詩，他寫的字。

讀著上述文字之後，我再慢慢欣賞景蒙的字與推敲李嘉的詩，相得益彰，讀來更令人感受特別深刻。這首五言律詩是這樣寫的：

花為開時媚　情從別後長　歲寒風不語　夜靜玉生香
國破絃歌絕　樓空刀劍藏　蓬萊一覺夢　白透鬢邊霜。

魏景蒙墨寶還有應葉明勳先生之屬書的「大肚能容　容天下難容之事　開顏長笑　笑世間可笑之人」。陳薇女士還為三爺出版有正、草、篆、隸,共計一百餘幅暨紀念文遺照等的《魏景蒙書法專集》。

魏景蒙有寫給陳薇的詩句:

不得哭,潛別離,不得語,暗相思,兩心之外無人知。陳薇回送給他的詩句:卿卿我我戀愛中,多少歡樂兩相擁。夢裡柔情千萬種,醒來難與人爭寵。好夢易醒世事空,情絲未斷緣欲終。今宵夢境已不同,空留懷念長夜中。

陳薇寫給魏景蒙的詩句:

為君相思為君愁,摘得花兒一朵朵。欲待葉落歸根後,妾身早已白了頭。為君思量為君發愁,惹來妞兒有好幾個,不見舒服不見享受,只見整日忙昏了頭。

魏景蒙將其「摘得花兒一朵朵」改為「摘得野花幾許

多」,並說:「野花就是野花,那有甚麼花兒一朵朵,沒那麼美!」

魏惟儀在〈同林泉選一答兒清幽地——景蒙三兄百日祭〉的文中亦有回憶她三兄的逝世雖很突然,但是他彷彿有預感。他去南部旅行的前夕寫了一首陶淵明的輓歌給女友?那辭是:

> 有生必有死,早終非命促,昨暮同為人,今旦在鬼錄。魂氣散何之?枯形寄空木。嬌兒索父啼,良友撫我哭。得失不復知,是非安能覺?千秋萬歲後,誰知榮與辱?但恨在世時,飲酒不得足!

魏景蒙豁達開朗的好交朋友個性,正如他的好友黃雪邨送他的一副對聯:「餞舊迎新綠酒初嘗人易醉,尋花問柳汀州拾翠暮忘歸」。但三爺給陳薇「此心不渝」的歌詞:「山南有棵樹,樹邊有枝籐,籐兒灣灣纏著樹,籐纏樹來樹纏籐,日日夜夜兩相伴,朝朝暮暮兩相纏,籐生樹死纏到死,樹死籐生死也纏。」

走筆至此,忽聞諾貝爾物理學獎得主楊振寧過世的消息,後雖經證實只是傳言或假消息。但楊振寧與翁帆的愛情逸事,似乎在愛情深重與年齡差距上,是部分可以同拿來比之於魏景蒙與陳薇吧?

人間有愛,若能有幸找到相愛的婚姻對象,本就人生一

樂事。胡適晚年曾以他自己跟江冬秀結合四十餘年而終於不棄的經驗,他說他們是結婚之後,才開始談戀愛,他們都時時刻刻在愛的嘗試裡,所以能保持家庭的和樂。

〈胡適的夫妻愛〉一文,後來收錄我整理的《近代名人文化紀事》(電子書)。上述是我讀陳薇著〈魏三爺與我〉後的一點感受與想法,謹記於此。(2024-06-22 修稿)

蕭同茲蕭孟能與《文星》雜誌

曹聖芬寫《懷恩感舊錄》的〈開創時期的政大新聞系〉記述：

> 民國二十三年春天，由母校選送美國米蘇里大學研究新聞學的馬星野先生學成歸來，在南京晉謁校長蔣公，蔣公問他的志趣所在，馬先生回答說：準備以畢生之力，從事新聞事業。校長對馬先生的敬業精神，很是嘉許。不過校長的目光看得更遠，他說：「辦一張報紙容易，找一批辦報的人卻難；所以要先從新聞教育着手，培養一批新人才。」

曹聖芬又敘述馬星野為新聞系創辦《中外月刊》作為他們實習的刊物，在中國新聞史上這也是第一本純新聞性的雜誌。談到新聞事業與新聞教育，就讓人更容易聯想到中央通訊社的大老蕭同茲社長、董事長。

馮志翔著《蕭同茲傳》提到：

> 蕭同茲是新聞教育的鼓吹者，也是新聞教育的扶植者。他主持中央社期間，每年都吸收各大學新聞系的畢業生。他認為從事新聞工作和從事教育工作一

樣,都必須具有對這項工作的興趣與志願,否則便不能將「終身」付託給這個事業。

《蕭同茲傳》書裡附有張歷任中央通訊社社長:蕭同茲、曾虛白、馬星野、魏景蒙等四位新聞界先進的合照。我還注意的另一張是1969年10月《念茲集》出版,中央社同仁向蕭同茲獻書,為他的七五誕辰祝壽。照片中人士:周培敬、馮志翔、沈宗琳、周紹高、壽星(蕭同茲)、丁則怡、律鴻超、張潤生、蕭孟能。

當年蕭同茲主持下的中央通訊社,臺灣光復後的葉明勳是被派駐臺灣分社主任。1973年11月被稱「蕭三爺」的蕭同茲不幸病世,隔年11月20日葉明勳成立「財團法人蕭同茲先生文化基金會」,主要宗旨在紀念蕭先生帶領中央通訊社一度的擠身為世界五大通訊社之一,為華文新聞史寫下輝煌的一頁。

我檢視了該基金會的董監事名單,第一屆董事長許孝炎、常務董事有葉明勳與蕭孟能、董事有沈宗琳、魏景蒙、林柏壽、辜振甫、辜偉甫、李嘉等人。第二屆董事長改由葉明勳擔任,但已不見蕭孟能的續任董事了。

我之所以會對蕭孟能充滿好奇,應該是在1960年代前後,我在臺南念高中時期的閱讀《文星》雜誌、《文星叢刊》、《文星集刊》,和「文星書店」開始。每次看到《文星》雜誌登載的文章,以及該雜誌上所登載許多名人、學

者、政論家出版作品的廣告，我真心羨慕之、嚮往之、崇拜之。

　　1965 年，蕭孟能在《出版原野的開拓》寫他少年的志願，從他初中三年級開始，就受到抗戰前後出版界的影響，養成了一個留意文化出版狀況的興趣和習慣，並且喜歡把當時讀的書，寫成筆記。這種筆記，從初中三年級開始，直到現在〔1965 年〕，已經有一千多種，大部分都是中外名著，給了他極大的啟發和見聞。

　　所以，他和他大學時代的同學，後來是他太太朱婉堅，在 1952 年在衡陽路口租下一個小攤位，創辦了他少年時代夢想的一家書店的雛形書店，就是「文星書店」。1957 年創辦《文星》雜誌，由葉明勳擔任發行人，蕭孟能任社長，1962 年 8 月 1 日發行人葉明勳與主編陳立峰離職，改由蕭孟能擔任發行人，李敖主編。1963 年出版《文星叢刊》、1964 年有了大部書【文星版】《古今圖書集成》，和《文星集刊》第一輯 100 種的出版。1965 年 12 月 25 日《文星》雜誌第 99 期尚待排印之時，因內容問題被令停刊 1 年。

　　1970 年代，我有了機會負笈北上，而且進了輔大圖書館學系就讀之後，對於蕭孟能與他經營文星出版事業更是充滿了仰慕之心。可是當時我見到的盡是小書攤或舊書攤擺賣過期的《文星》雜誌合訂本，和零星的《文星叢刊》、《文星集刊》的舊書。我也只能選購部分書刊，聊以自慰的蒐藏了。

歲月悠悠，1978 年底我回到臺北上班，住溫州街，來到金華街月涵堂與馬星野共事，讓我有機會和新聞界聯繫，我才逐漸了解蕭同茲、蕭孟能父子與葉明勳關係，以及《文星》雜誌和其出版事業興衰的始末因素。（2021-07-02）

讀曾虛白《韓戰年代集》

尉天驄教授於 2016 年 1 月 25 日至 29 日發表在《中國時報》連載的〈寧波西街二十六號〉的大文，是以地址名稱方式記述了 1950 年代至 1970 年代，他在這 20 年間住居寧波西街二十六號的生活與文學軼事。

我因深受其啟發。2017 年起，我寫臺南後壁老家頂安村 33 號《我的百歲母親手記——拙耕園故事》；2018 年寫臺北金華街 110 號〈清華大學「月涵堂」的文創意涵〉，已收錄《文創漫談》；2019 年寫臺北溫州街 96 巷 10 號〈張道藩與蔣碧薇的悲愴〉，已收錄《臺南府城文化記述》等自述性文字。

後來，更寫〈讀陳薇著〈魏三爺與我〉有感（一）至（五）〉、〈臺北金華街「月涵堂」的記憶〉、〈馬星野、楚崧秋與中國新聞學會〉、〈蕭同茲、蕭孟能與《文星》雜誌〉、〈馬星野、梅貽琦與沈君山的「革新保臺」〉，再加上本篇〈我讀曾虛白《韓戰年代》有感〉，計有 10 篇是記述我在臺北金華街 110 號工作與生活的回憶性文字。

1970 年代，承蒙同事長官贈送我曾虛白先生所撰述《談天下事——韓戰年代集（上下冊）》，讓我有機會更了解曾虛白在輩分和工作職務上，如來臺之後的出任「中央委員會」四組主任、「中央通訊社」社長（董事長）、「中國

新聞學會」理事長、中國國民黨「新聞黨部」主委,和國立政治大學在臺復校,成立新聞研究系所等相關職位,其時間上皆要早於馬星野先生。

曾虛白先生自 1921 年結識了董顯光（1887-1971）,並應董顯光之邀擔任《庸報》記者。1937 年,抗日戰爭爆發,中央成立國防最高委員會,董顯光被派任軍事委員會第五部副部長,專責國際宣傳,曾虛白任該國際宣傳處處長。

1945 年,抗戰勝利,董顯光辭副部長職,曾虛白肩負國際宣傳的重擔。1947 年,行政院將國際宣傳處改組成立新聞局,董顯光擔任首任的局長,曾虛白任其副局長。1948 年 12 月,曾虛白隨同董顯光離開了新聞局的工作崗位。

「中國廣播公司」的前身,是 1918 年在南京成立的「中央廣播電臺」。1949 年,政府遷臺之後公司改組,董顯光出掌總經理,曾虛白佑任其副手的副總經理職位。1950 年 10 月,曾虛白調升「中央通訊社」社長,但仍繼續在「中廣公司」主持時事評論的節目《談天下事》。

檢視曾虛白從 1950 年 9 月 25 日至 1970 年 9 月 25 日止,《談天下事》足足播出 20 年整的長時間。之後並於 1970 年 9 月與 1971 年分別自 280 萬餘字的廣播稿中,將涉及國內與匪情問題的部分刪除 100 萬字另刊專冊,得餘稿 180 餘萬字的成《談天下事——韓戰年代集（上、下冊）」,與《談天下事——越戰年代集（上、下冊）》的前後兩集,交由臺北的臺灣商務印書館出版。

曾虛白在〈自序〉指出：

> 新聞評論不能像史學家有充裕時間，旁徵博引，以求正確。究竟與寫史不同，但新聞學者的求真動機時與史家無異。綜合二十年舊稿，跡其屬稿時之展望似與事實發展尚無太大距離，爰貢二十年心血結晶，作熱心研究我政府遷臺以來二十年間國際變化者的參考。

　　我讀《韓戰年代集》（上、下冊），見其書分總論、冷戰高潮期（三十九年至四十三年）、冷戰退潮期（四十三年至四十六年）、冷戰迴潮期（四十六年至五十年）等四大部分，再詳細評論的分如：冷戰高潮期的分韓戰前期、韓戰後期；冷戰退潮期的分日內瓦四外長會議前後、蘇俄放射人造衛星；冷戰迴潮期的分艾赫會談前、甘赫會談前。

　　《韓戰年代集》（上、下冊）的內容詳之詳矣，惜字體偏小，閱讀起來頗費眼神，但不損蘇雪林教授對曾虛白先生「政論家、文學家、新聞學家」，和馬星野先生對他「曾經滄海，虛懷若谷，白雲在天，俯覽無餘」的評價。

　　1979 年的前後，我有機會讀到曾虛白先生撰寫的廣播稿《韓戰年代集》（上、下冊）。這書是我比較深入接觸大韓民國與中華民國之間兩國關係與發展的開始，亦是我關心冷戰、國共內戰、韓戰，乃至於八二三炮戰等相關國際局勢

演變的議題。

對於韓戰的歷史事件,對於1950年代至1970年代已經在學校就學的學生而言,多少都不會感到很陌生。因為與韓戰有關的「一二三自由日」和「亞洲人民反共聯盟」、「世界自由反共聯盟」等準政府機構的組織,每年都會舉行各種紀念和教育性的活動,各學校機關單位也都會推派代表參加。

我因為長期喜歡閱讀《傳記文學》登載文章的關係,所以,在較早前就曾經拜讀過該雜誌第九卷第一期黃季陸先生發表的〈訪問韓國的回憶〉、邵毓麟先生在第九卷、第十卷連載的〈勝利前後〉,以及第四十四卷蕭錚先生連續發表的〈中國協助韓國光復之回憶〉等攸關韓國議題的文章。

之後,特別是於1980年11月《傳記文學》出版了邵毓麟大使撰寫的《使韓回憶錄》,更是讓我對大韓民國的政經情勢和其國家發展的歷史有了更進一步的了解。也因為我已閱讀過邵大使先前所寫《勝利前後》的回憶性文章,略知他曾遊學東瀛,初入日本慶應大學研習經濟,後入九州帝國大學和東京帝國大學的研究院攻讀政治經濟。

抗戰前邵毓麟先生被派任駐日本橫濱總領事,抗戰時他歷任軍事委員會蔣委員長侍從室秘書、國際問題研究所主任、駐韓國代表,以及韓國臨時政府設在重慶時受聘為唯一顧問等職務。

1949年,當國家處在風雨飄搖之際,他出任中華民國

駐大韓民國大使。兩年後返臺,任總統府國策顧問、總統府政策研究室主任等。1957年,復出任中華民國駐土耳其大使。1964年,後又任外交部顧問、中國文化大學日本研究所所長等。1977年,移居美國洛杉磯。

學經歷都極為豐富的邵大使,當我研讀《使韓回憶錄》單行本的時候,是已經在邵大使退休業移居美國之後。但他撰寫《使韓回憶錄》一書所呈現大使溯自中華民國協助大韓民國獨立運動,及韓國於二次世界大戰後的復國建國工作,以迄韓國朴正熙大統領的逝世為止,在這段時間裡邵大使所直接或間接參與其事經過都有極詳細又精采的記述。

該書特別吸引我的地方,就是在書內的文字之前所附有珍貴歷史圖片五十餘幀。包括韓國《政經研究》月刊譯載的本文是該書第一頁縮影;還有1946年李承晚自美國來華訪問時,邵毓麟與其等友人攝於南京的照片;蔣中正總統出席在韓國召開鎮海會議與邵毓麟和其他政要的合照;以及1950年7月31日援韓盟軍最高統帥麥克阿瑟自東京飛臺北訪晤蔣總統,並與我軍政首長舉行會議的照片等等。

翻閱了上述這些具有歷史性意義的照片,除了讓人感受其更彌足珍貴,令人興起既崇拜又嚮往從事外交人員工作的多彩多姿樂趣之外,更激勵國人湧起一股赤血報效國家的熱忱而興奮不已。

研究韓戰的歷史學家就曾指出,韓戰對於1950年之於臺灣局勢,正和西安事變之於中共,因其同具有旋轉歷史的

分量,故歷年多為治史學人所關注。

當年也令我特別關注的是,美國於 1978 年 12 月 16 日宣布自 1979 年元月起將與中華人民共和國建交,而與二戰盟友中華民國斷交的消息傳到臺北,我們當更感受到中華民國與大韓民國的反共立場,和保持緊密外交關係的重要性了。

1950 年代起至 1970 年代末期,中華民國與大韓民國關係,除了美國在冷戰時期採取圍堵共產主義策略,促是這兩個難兄難弟國家的緊密結合在一起之外,當然這段期間兩國的領導人蔣中正與朴正熙,這兩位總統濃厚軍人色彩亦有非常大的關係。

我因在 1979 年前後受到曾虛白《韓戰年代集》、邵毓麟《使韓回憶錄》等書的影響,對於韓國歷史、政經、文化的議題產生興趣,也就在這期間大量閱讀了與韓國有關的書刊。

這時期介紹韓國重要書刊的諸如:林秋山先生撰、宋時選先生校訂的《朴正熙總統傳——韓國現代化的原動力》,和其翻譯李瑄根教授撰《韓國近代史》,以及劉順福先生翻譯朴正熙大統領的《民族的潛力》、楊人從翻譯李圭泰寫的《韓國人的意識形態》等書。

檢視上述的每本專書的特色,除有國民黨政要倪文亞、黃季陸、李煥、宋時選等人為其寫序言之外,在撰寫或翻譯、出版的時間上,大部分集中在 1978 年的前後,而且其

出版社幼獅、華欣、黎明等也都具有救國團或國防部軍方背景，尤其在內容上對朴正熙的著墨甚多，在在凸顯當年大韓民國與中華民國的關係密切，不愧「兄弟之邦」。

朴正熙 1917 年出生於慶尚北道的佃農家庭，師範學校畢業曾短暫在小學教書，在進入滿洲國和日本陸軍學校學習之後，曾任滿洲國少尉軍官。二戰後，他成為大韓民國陸軍軍官。

韓戰期間，朴正熙的軍職得到迅速升遷，1959 年任第 6 軍管區司令。1960 年韓國爆發「四一九革命」，李承晚政府宣布了戒嚴令，金鍾泌等軍官被捕。以民主黨為首的第二共和成立，但並未能給社會帶來安定。

1961 年 5 月 16 日，朴正熙隨即發動「五一六革命」，並自 1963 年起的當選大韓民國大統領，直至 1979 年 10 月 26 日因國內政局的紛亂情勢，尤其是以金泳三為代表的民主派勢力與其領導的維新派展開了激烈的政權爭奪戰，竟致朴正熙被其部屬中央情報部長官金載圭所槍殺，正式宣告結束其連任 5 屆大韓民國總統的 16 年政權。

朴正熙治韓期間，他實行限縮民主的威權體制來追求經濟的高速增長，儘管經濟成果後來被譽為「漢江奇蹟的締造者」，但他實行鐵腕統治而犧牲民主政治發展的體制，導致他也是一位頗受爭議性的韓國大統領。

朴正熙自述其一生的夙願是「創造一個以樸素、勤勞、正直與誠實的庶民社會，作為根基的自主獨立的大韓民

國」,他更標榜大韓民國精神的「民族的潛力」,他在《民族的潛力》書中亦明白指出:經濟上的自立,終究是以自主來決定我們的問題,又要享有主體性的文化生活的自主意識的表明,這也是對於主體性的渴望。

然對照朴正熙主政下的大韓民國,和他的被部屬槍殺,又聯想其女兒朴槿惠在擔任大韓民國第 18 屆大統領之後的下場。大韓民國的推動民主政治似乎要比中華民國戰後臺灣的走得更為艱辛。(2021-07-06)

大病後心境轉折

　　1980 年初秋，我因為左髖骨痠痛的毛病，住進榮民總醫院做全身檢查，最後確定是屬於類風溼性關節炎的問題。醫生告訴我這病症是屬於一種慢性疾病，只能服用些類固醇和消炎止痛之類的藥品，要我有與它長期相處的心理準備。

　　僵直性脊椎炎通常發作於 20 歲至 40 歲男性，典型症狀為「晨僵」，意即早上起床時身體僵硬疼痛，活動後會漸漸緩解。診斷部分可透過抽血檢測白血球抗原，約 9 成的患者帶有 HLA-B27 基因。目前無法治癒，可藉由復健、藥物的療程來減緩病程，僵直性脊椎炎若未妥善控制，骨骼會漸漸融合，造成患者活動不順、駝背以及身形變矮等，也因此這些問題得名為僵直性脊椎炎。

　　二個星期之後出院，我完全遵照榮總醫生的治療規劃，開始面對的是每日按時的服藥和一連串復健的過程。之所以會讓我感到比較沮喪的最主要原因，是從大學畢業之後自己接連不斷的面臨許許多多的挫折，很不容易剛在臺北有了一份穩定的工作，然後成家，並在溫州街這麼理想生活環境的定居下來。

　　另外，會讓我感到比較美中不足的是女兒和兒子尚小，留在鄉下託父母親照顧，而未能隨我們住在一起，心裡總是時時刻刻會掛念這對姊弟。

發病最嚴重的這一年，我 30 歲，正是我雄心萬丈的蓄勢待發時刻。回溯當時我對臺灣的地方政治充滿了理想，受到二姊夫的引薦，到位在臺南柳營鄉，由當時縣議會議長陳三元擔任董事長的一所工商職校教書。我也因為當時二姊夫在臺南縣府服務，與地方政治人士亦多所接觸。

　　加上，當時縣長楊寶發的照顧有加，讓我對參與臺南地方事務產生高度的興趣。我從楊縣長的學經歷和其從政歷程的影響很深，總是要求自己要不斷地充實自己，和提升自己的學識能力。

　　1978 年底，當我有機會增加更多磨練的時候，我極願意接受更嚴厲的挑戰，因而我離開這所職校的教學工作而選擇上臺北來，在馬星野主任委員、沈岳書記長等長官的指導下，承辦有關與新聞聯繫方面的業務，學習開始接觸不同性質的工作，和更廣泛服務層面的考驗。

　　然而，這場重病下來和復健的過程，我內心的煎熬讓我對人生有更多的省悟。我非常感謝我服務單位長官對我的特別寬容，讓我可以安排時段到三軍總醫院做水療的復健，當時三總還未搬到內湖之前，它就在我住溫州街與辛亥路口馬路的對面，縱使我要走到回家的這麼短路程，但是劇烈疼痛讓我都覺得非常辛苦。

　　所幸，病況慢慢獲得控制的穩定下來。迄今，40 年的時間過去了，我極少向外人詳細談及我的病情，我是選擇「堪忍哲學」的自己默默承受，總認為苦痛儘量由自己的勇

於承擔,並不需要對他人做太多無謂的說明,或寄望於別人的分擔。

在這段時間裡,比較常進出我們溫州街住家的,除了我自己當時在臺北工作和寄住念書的弟弟和么妹之外,二姊夫婦要屬和我們走得最親近了。對於後來我的選擇調動服務單位,或許二姊夫最能體會和理解了,何況之前我在柳營的高職教書,和上臺北來工作,二姊夫婦是最關心和出力最多了。

病後復健過程帶給我最大的啟示,是我思維和心境的轉折,讓我深深體會到,我的身體狀態已經不再適合於我當初所想要投入的地方激烈選舉,或從事於辦理動態性質的活動,我應該選擇的是比較靜態性,而且最好是屬於幕僚型的工作或業務。(2021-07-20)

第三部分
中山南路
「中央黨部」印記

第三部分
―――――― 中山南路「中央黨部」印記

路在生命轉彎處

　　1980 年秋，我住進榮民總醫院的檢查結果，醫師提醒我有關於類風濕性關節炎的病況，要我儘可能的不再從事過於激烈的運動，或工作上不要過度的勞累，儘量維持身心的平靜生活。

　　這種生活型態就是罹患這類性質病症者，要認清楚與這病症只能共同相存下來，目前只能以保持身心健康的治療與保養並行方式為最理想。當時醫師的一番話，迄今讓我銘記在心。

　　復健的那一段時間裡，每每我在舉步維艱的疼痛時刻，我總會屢屢回憶起自己長兄，當年他在服完三年海軍義務役的退伍之後，亦是同在這年紀的時候，有段時間他是在左營造船廠工作，可是他後來因為身體不適，無法負荷工作，只得舉家搬回我們臺南後壁的安溪寮老家，與父母親和家人住在一起，當時我們的生活情景，亦讓我記憶猶新。

　　我辭掉教職的北上工作，亦正可以展開新人生的階段。然而，榮總醫師的這段話叮嚀，和長兄搬回老家的情況，讓當時復健中的我，時時會浮上父母親對我殷殷期盼的面容，和感受到他們倆老心境所遭遇的痛苦煎熬。

　　加上，當時我們夫婦要上班，女兒、兒子年紀都非常小，都還需要託付父母親的辛勞照顧，一想及此，有時悲從

中來，心裡的感受與壓力實不值為外人道也。

在我不願意讓家人更加重擔心我病況的情形下，我了解亟需調整自己心態，和日後工作的性質。所以，當我得知有單位急需懂得資訊管理，和如何使用王雲五發明的四角號碼，以有效來管理幹部的檔案資料，這正是提供我是圖書館學系畢業生，和懂得資料分類的發揮專業關鍵時候。

新單位辦公的地點雖然是位在木柵路1段，與我之前從溫州街搭253公車到金華街政大公企中心站下車再走到辦公室，與我要從溫州街到木柵路溝子口站下車的路程相差不遠。最大區別是往金華街是靠近鬧區，而木柵路則是比較位在偏僻地方。

上班單位和工作的性質都非常適合當時我的病情和心境，更難得可貴的是在這段日子裡，我可以比較有自由抽空看書的時間，我更利用了這段期間的工作之便，我充分閱讀許多了與當代民國重要人物有關歷史方面的資料。後來我在電臺主持「開啟知識寶庫」節目，和後來出版《近代名人文化記述》（電子書）的專書，也都得力於在那階段大量閱讀所累積下來的成果。

每個人的一生，都有其不同的遭遇。我何其有幸，每當我在檢視自己有限的生命中，不論是學校求學或在社會工作的階段，給我了的啟示：一根草一滴露，天無絕人之路，路總在生命的轉彎處；成功的人不是贏在起點，而是贏在轉折生命的終點處。

我新單位就在一棟三層水泥建造的樓房，由於這地方最早期是國民黨撤退來臺的中央辦公處所，整個園區還遺留下來多棟類似軍隊營區使用過的矮鐵皮屋，其他一大片空地則還留下以前種植的花木，也曾是 1958 年「八二三炮戰」期間，黨中央集中遷來此地辦公的疏散處所。

　　這地方的辦公環境真是幽雅清靜，平時除了我們四、五位的工作人員之外，很少會有外人來訪，這真是當時我最為需要的工作環境。而且，遇到天氣好的日子，我就會從溫州街的住家騎著腳踏車，經辛亥隧道之後，左轉木柵路溝子口，進入辦公室的園區。

　　由於辦公地點的遠離塵囂，清幽的環境，靜態工作性質與業務單純化，加上身心的調適得宜。特別是我在室內坐久了之後，可以自由走到室外伸伸懶腰，散散步，和呼吸清新空氣。這麼理想的辦公環境，真是得天獨厚我也。

　　這種整日與資料為伍的樂在其中工作，我如魚得水，讓我的感覺又回到可以自由閱讀的日子來了。我這要感恩於周世輔教授，《周世輔回憶錄》書中提到兩件過往事情，其經過如今又重新歷歷地浮現我眼前，而且讀完該大作之後，讓我可以比較完整的了解到當年一些事件的始末。

　　第一件周世輔教授在《回憶錄》述及：

> 〔周〕玉山大二時轉到社會系，……大四上學期，又與蔡傳志、葉景成、蔡建仁同學編校刊《輔大新

聞》，他以總主筆的身分撰寫社論，一度批評《中央日報》於中日斷交後還大刊日商廣告，結果反應熱烈，教育部長蔣彥士先生還為此文嘉獎了輔仁的總教官，理由是「鼓勵學生愛國」，此舉令玉山驚喜。我曾怪他多事，他表示「激於義憤，不說不快。」。

周教授提及玉山兄與蔡傳志、葉景成、蔡建仁同學的編校刊《輔大新聞》，我記得還有總編輯蘇逢田，我忝任編輯。多年後，玉山兄榮任考試委員期間，曾受邀到中央警察大學演講，在往返途中的車上我們還回憶當年一起編《輔大新聞》的舊事。

第二件周世輔教授在《回憶錄》述及：

應聘任教幹校後，生平研究心得，有「學能致用」的機會，益自勤勉。蔣經國先生一度約赴救國團代李煥先生當主任秘書，因故未就。又王昇先生由教育處長，而教育長、校長，常與我同研三民主義哲學，尊師重道，令人敬佩。相處十年，極為融洽。

周教授提及王昇先生由教育處長，而教育長、校長，讓我聯想到梁孝煌中將亦曾任政工幹部學校教育處處長、教育長、副校長等職務長達 11 年。關中口述、張景為著《關中

傳奇》有段敘述：

> 從王昇 1979 年受命成立「劉少康辦公室」，到 1983 年蔣經國下手拔掉王昇當紅的權力，再到 1985 年層峰下令完全剷除王昇殘餘勢力，王昇與十信案便形成了難以分割的關係，乃至政治鬥爭的絕對理由。

「劉少康辦公室」成立與結束的時間，和梁孝煌 1979 年 12 月出任，到 1984 年 6 月的調離中央組織工作會主任一職，以及我當時人事調動承周世輔教授推薦，蒙梁孝煌主任的同意，多少印證了蔣經國、王昇、梁孝煌和周世輔等人之間的友好關係。

在這段日子對我而言，平日只要我將自己份內的工作處理完畢之後，我是可以比較有自由的時間，來安排當時我最重要的調養身體，閱讀書刊和再進修的機會。特別是我到附近政治大學研究所的選修馬起華、郭俊次等教授的課程，和認識了來臺進修的韓籍學生，這對我日後的學習與發展帶來很大的助益。

當時我還有一項最重要的工作，就是支援黨內與選舉相關的業務與輔選的工作。所以，平常辦公室裡同仁談話最多主題的大概都是選舉活動。我們辦公室裡有位同仁洪吟希先生，他曾被派在臺南市服務，當時碰上市長的選舉，他負責輔選張麗堂同志，結果違紀參選的蘇南成當選了。

我們這位洪兄,聽說我的老家在臺南後壁,所以經常喜歡與我提起當年那場讓他嘗盡苦頭的市長選舉之戰,特別蘇南成在《絲瓜棚下》的自述,他在高中時期讀三民主義,雙手顫抖的捧著書本,流下了淚水,他真像發現到一件寶貝似的。

由於蘇南成的老愛提其在自家絲瓜棚下的省思,和他平時就習慣睡在長木板凳上的日常刻苦生活。加上,後來蘇南成的恢復國民黨籍,和蔣經國重用的改派高雄市長,讓我這位同事對於蘇南成的行事作風始終感到耿耿於懷。

輔選成功或失敗,亦是兵家常事。我的這位同事雖然在這場輔選任務上敗陣下來,但他傳授給我的輔選經驗,和他後來在個人行為上保持平淡、儉樸的生活態度,卻是值得我學習的。

我到木柵辦公室的不久,就碰到了 1981 年冬天的縣市長選舉,當時現任的臺南縣長楊寶發先生已向選務機關登記,確定要競選連任,而且亦有人登記,表示參與角逐縣長寶座的決心。當成立競選總部的時間確定之後,就來了信息希望我南下幫忙。這是我服務社會以來,第一次的參與助選與輔選工作。

這次的爭取國民黨提名同志,是延續 1977 年所經歷當時國民黨內登記提名的候選人中,包括省議員李雅樵(吳三連支持)、立法委員張文獻(前縣長胡龍寶女婿)、政大教授郭俊次(立法院梁肅戎支持),還有是前縣長高文瑞兒

子、曾任南新國中校長、又是高雄縣黨部主委高宗仁等多名人士參加角逐，最後由當時任臺北市民政局長楊寶發以黑馬出現的登記，當時是林洋港擔任臺北市市長，經提名之後形成同額選舉的局面。

　　1981年，臺南縣長選舉，5月的時候李雅樵搶先宣布競選的決心，最終在臺南縣黨部主委張麗堂先生的折衝協調之下的提名楊寶發競選連任，李雅樵願意接受轉任臺灣省府委員，當時省主席正是林洋港先生。

　　我同在木柵辦公室的同事閻慶亞專門委員曾送給我的照片中，有張是他陪內政部長連震東到南投縣視察，與當時縣長林洋港、縣黨部主委楊寶發的合照。他告訴了我這段隨同長官到基層訪視經過。

　　上述所列舉出的三次林洋港先生與楊寶發先生的共事經過，我在楊寶發生前的查證過程中，談及有關於他在林洋港與李登輝之間的關係時，他很明快的回答我說：因為多次與林洋港的共事經過，所以李登輝擔任總統時，始終認為他與林洋港的關係匪淺。

　　我也因為有了這次助選與輔選經驗的關係，不但有機會見證了臺灣實施地方自治選舉的民主化，也為自己日後工作鋪下了新的發展機會。1985 年，我記得有首歌《明天會更好》。這首歌之所以還會更傳遍全國各大街小巷，與當時國民黨候選人在每一場的選舉活動中，總會播放著這首歌曲，作為競選的主題曲。前考試院院長關中先生，在他口述、張

景為著《明天會更好——關中傳奇》書中指出：

> 當然，不可能以競選歌曲的理由來說服羅大佑創作這首歌，經過多次磋商折衝，最後決定以一九八五年適逢臺灣光復四十周年，隔年一九八六年是「世界和平年」、「群星為公益而唱」的形式，呼應世界和平的主題，並紀念臺灣光復四十周年，而創作《明天會更好》。

1985 年前後，大街小巷盛行《明天會更好》，那段時間我們家住溫州街，當時我們家女兒尚是個小女生，但是她會在客廳也學著唱歌跳舞。其他時候，家人也會帶她去臺灣大學校園，走走、跑跑又跳跳。迄今，我還保存這兩張女兒跳舞的可愛照片，作為是我在那一段日子裡忙於為別人的「抬轎子」，來彌補我缺席的虧欠。（2024-07-04 修稿）

教書與出書的聯想

　　每個人都有自己走過的人生旅程，只是每個人的選擇和其際遇不同。有些人仕途風風光光，有些人商場洋洋得意，有些人學術有成就。不管成功或失敗，無論高興與悲傷，都必須自己勇敢去面對與承擔。

　　環顧古今中外，蘇東坡的人生正是我喜歡常拿來砥礪自己學習的榜樣。蘇東坡的詩、詞、歌賦、散文、策論造詣都很高，但他一生遭遇竟是如此的坎坷不平，是環境造就了蘇東坡嗎？或是蘇東坡天賦稟賦？或是兩者兼有？

　　每當我思及家鄉臺南安溪寮老家，我就會聯想到蘇東坡詞中的「此心安處是吾鄉」。我們知道蘇東坡的烏臺詩案牽連很多人，其中之一的王定國因而流放嶺南賓州，親朋戚友很多都離他而去，只有一名歌妓宇文柔奴一直陪伴他。柔奴原為京城人士，卻願陪王定國到嶺南蠻荒之地，五年之後王定國遇赦返回京城，順路拜訪蘇東坡。

　　蘇東坡問起柔奴關於嶺南的事情，柔奴淡然的回答；「此心安處便是吾鄉」，蘇東坡乃寫下《定風波·南海歸贈王定國侍人寓娘》：

> 常羨人間琢玉郎，天應乞與點酥娘，盡道清歌傳皓齒。風起，雪飛炎海變清涼。萬里歸來年愈少。微

笑，笑時猶帶嶺梅香，試問嶺南應不好？卻道，此心安處是吾鄉。

其實蘇東坡「此心安處是吾鄉」源自白居易的詩句：「我生本無鄉，安心是歸處。」

1996 年 3 月，我住溫州街，出版了我人生的第一本書《臺灣政經發展策略》，在〈自序〉我就引用蘇東坡寫的〈定風波〉：

莫聽穿林打葉聲，何妨吟嘯且徐行？竹杖芒鞋輕勝馬，誰怕？一簑煙雨任平生。料峭春風吹酒醒，微冷。山頭斜照卻相迎。回首向來蕭瑟處，歸去，也無風雨也無晴！

出版《臺灣政經發展策略》這本書，距今已近 30 年了，我要特別感謝當年擔任黎明文化公司執行編輯的羅愛萍女士。由於有這書的出版，鼓勵了我在閱讀與書寫的人生道路上，學習和體會了蘇東坡寫〈定風波〉的境界。

如今，我已經將【黎明版】《臺灣政經發展策略》的內容加以審修，重新收錄在【元華版】《臺灣政治經濟思想史論叢》。我要表達的是在超過四分之一的世紀前，因為有《臺灣政經發展策略》的出版，才有現在《臺灣政治經濟思想史論叢》（8卷），彙集82篇200萬字學術性論文的完成

與出版。

2021 年,受到疫情影響,各大學分別宣布了停課改為遠距教學方式進行授課。這次遠距線上教學的感受,讓我彷彿有回到 30 多年前在國立空中大學授課的喜悅。記得當年的空大,是以標榜有英國開放大學(Open University)的教育制度所成立,是採類似遠距教學方式來授課。

所以,許多授課節目大都透過當時國防部主導下中華電視臺錄製的,空大學生平日在家裡利用電視平臺上的學習,每學期再配合三次的面授時間,學生可以與老師面對面的討論問題。

我在這麼長時間的一段兼職教學生涯,教學相長,各個專業學科的課程授課,讓我對於各個科目有了重新又深入的研讀機會。更難能可貴的是這段期間,我受到來自臺南鄉親空大校長莊懷義、教務長賴保禎等多位教授的關注與愛護,讓我始終感恩在心。

人生際遇有時難逢,我真料想不到有次在空大的面授機會,突然有位學生利用下課時間,向我提起她有意邀請同是空大的沈謙老師和我,一起上她在中央廣播電臺主持的節目。我也因為這機緣得以在該電臺主持「開啟知識寶庫」的單元節目。

我受邀在中央廣播電臺主持「知識寶庫」單元節目,是從 1998 年 9 月 15 日的進入錄音室錄製節目開始,到隔年 6 月 18 日播出為止,時間將近 1 年,共錄製 36 集的單元節

目。這段時間是在解嚴後,該電臺已從國家電臺轉型調整為財團法人公司型態的時期了。

在這段時間裡,我的節目是被安排在每星期五的下午 5 點播出,聽眾包括兩岸。儘管該節目播出的時間只有短短 20 分鐘,但是我每次錄音的時間總要花近 1 小時。如此,再加上我必須要事先準備寫好的文字草稿,我總得要不斷地構思相關的主題,和花數倍的時間在蒐集資料上才得以完成。

回憶當時「知識寶庫」的設定主軸,我是聚焦以「知識傳古今人物、寶庫藏東西文化」為主。所以,我在廣播稿中所選擇的中外知名人物,也都儘可能是我平時不斷閱讀與書寫的研究對象,特別是針對近代歷史人物有關知識性的文化題材。

其中特別有三篇是人物的專訪,包括:專訪名演歌星林志穎,談他《大兵日記》的撰寫與出版;專訪國家圖書館館長莊芳榮博士,談他治學與主持國家圖書館的甘苦;以及專訪國立空中大學校長黃深勳博士,談他教學與從事推廣教育的理念。

這次中央廣播電臺的主持節目經驗,是我人生錄音廣播的初次,也應會是我的最後一次。藉此,我要感謝邀我在「知識寶庫」單元的節目主持人仇桂芬、古亞蘭女士,沒有她們二位的騰出時段與熱心指導,我的「臺灣國語」是很難會有機會得以播出,和留存在該廣播電臺的。

2018 年,我已經將這 36 集的廣播稿內容整理成書面文

字,收錄在拙作《近代名人文化記述》,並由方集出版社交 HyRead ebook(電子書)發行。

　　這段期間我真感謝協助我錄製節目的仇桂芬與古亞蘭二位女士,她們在廣播專業指導我,給了我許多學習和成長的機會,留下這麼一段令我難以忘懷的美好回憶。

　　當這疫情的嚴重威脅到我們生命的安全時,我們更是要格要小心。回溯自己第一次的感受到生命的脆弱性,是在1980 年的夏季,因病的住進榮民總醫院,在院裡的二個多星期日子裡,有時白天躺在病床,望著灰白天花板的時候,或是夜裡翻來覆去的難以入眠之時,特別是感受「英雄」真怕病來磨,深刻體會生命的無常。

　　在那一段的日子裡,我最喜愛讀的一本書,就是糜文開主譯的《泰戈爾詩集》。當時我摘錄了許多泰戈爾的哲言,諸如:

> 我曾經受苦,我曾經失望,而且我懂得什麼是死,於是我樂意於現在所生的這個偉大的世界。(〈漂鳥集之三二三〉)。
> 在我的生命中有些地方是空白的是閒靜的。這些地方都是空曠之區,我忙碌的日子便在那裏得到了陽光與空氣。(〈漂鳥集之三二四〉)。
> 死亡像出生一樣,都是屬於生命的。走路須要提起腳來,但必須要放下腳去。(〈漂鳥集之二六

八〉）。

讓死的有不朽的名，但活得要有不朽的愛。（〈漂鳥集之二八〇〉）。

當我們愛這世界時，我們才住在這世界裏。（〈漂鳥集之二七九〉）。

我們終有一天曉得，死亡永不能劫掠我們，──劫掠我們靈魂所獲得的東西──因為靈魂的所獲和靈魂只是一體啊。（〈漂鳥集之三一三〉）。

解救我吧，我的不滿足的過去，從後面緊抱著我，不容我死，請來解救我吧。（〈漂鳥集之三二五〉）。

在死之中，多數合一，在生之中，一化成多數。當上帝死去，宗教將合而為一。（〈漂鳥集之八四〉）。

讓生時麗似夏花，死時美如秋葉。（〈漂鳥集之八二〉）。

我想到那漂浮在生與愛及死的溪流上的別的年代都被忘了，我覺到逝去的自由。（〈漂鳥集之九七〉）。

塵土被侮辱，卻報以鮮花。（〈漂鳥集之一〇一〉）。

黑夜吻著消逝的白日，在他的耳邊低語道：「我是死亡，是你的母親。我正給你心的誕生。」（〈漂

鳥集之一一九〉）。

疲乏的盡頭是死，但完善的盡頭是無盡。（〈漂鳥集之一一一〉）。

根是生入地裏的枝，枝是生在空中的根。（〈漂鳥集之一〇三〉）。

上帝啊，讓我真實的活著吧，這樣死亡對我就變成真實了。（〈漂鳥集之三一六〉）。

環繞著生命的晴島，日日夜夜高漲着死亡的海之無窮的歌。（〈漂鳥集之二五二〉）。

生命因失去的愛而更豐富。（〈漂鳥集之二二三〉）。

世界沒有損漏，因為死並不是破壞。（〈漂鳥集之二二二〉）。

靜寂的夜有慈母的美，喧囂的畫有孩子的美。（〈漂鳥集之二九八〉）。

透過萬物的憂戚，我聽到「永恆母親」的低唱聲。（〈漂鳥集之二七一〉）。

詩人的心，在風與水的聲音中的生命之波浪上漂浮着，舞蹈着。（〈採果集之二十三〉）。

是誰向命運一樣驅遣着我？是「自我」跨在我的背上。（〈漂鳥集之一七三〉）。

葉兒在戀愛時變成花。花兒在崇拜時變成果。（〈漂鳥集之一三三〉）。

死的泉源使生的止水噴放。（〈漂鳥集之二二五〉）。

生命授與我們，但我們須付出生命才能得到生命。（〈漂鳥集之五六〉）。

生命如渡過一重大海，我們相遇在這同一的狹船裏，死時我們同登彼岸，又向不同的世界各奔前程。（〈漂鳥集之二四二〉）。

這些詩哲泰戈爾的敬頌生命之歌，我都已經收錄在拙作《生命筆記》（電子書），業交 HyRead ebook 的平臺提供服務。臺灣新冠疫情的肆虐，我們當記取泰戈爾的敬頌生命之歌。

我自己也曾有首小詩〈慰語〉：當悲哀的事來臨，／當身體遭惡魔傷害；／別人的慰語只是耳邊的風，／醫生的藥方也只是落地的灰塵；／我之所以能不悲哀，／因為我擁有我的愛，／我之所以不能死去，／因為我擁有我的愛。（2024-07-04 修稿）

側記解嚴前蔣經國執政的本土化
（1978-1987）

蔣經國「革新保臺」政策

史丹佛大學胡佛檔案館東亞館藏部主任林孝庭出版《蔣經國的臺灣時代》一書，並接受《聯合報》記者陳宛茜的越洋專訪。

根據林孝庭的解讀部分《小蔣日記》指出：

> 日記中所呈現的蔣經國是一直處於他父親老蔣的巨大政治光環的陰影之下，希望以工作成就贏得父親和他人的肯定；而且小蔣滯留蘇聯十二年的經歷，則打造小蔣既尖銳冷酷又感性親民的兩極化特質。也是一位傾向於在意識形態與務實作風之間，設法取得平衡的政治人物。

林孝庭特別舉例指出，1979年初當小蔣為臺美斷交耗費心神，他在日記中自記「對於黨內派系利用國難爭權奪利，深惡痛絕。」但只要念頭一轉想到老百姓，他立即流露出鐵漢柔情。

所以還可以看到小蔣自記：

> 自從中美關係發生變化之後,就沒有離開過臺北,好久沒有見到我愛好的平民了,我非常想念他們,不和民眾在一起,就會失去樂處。

承上述,小蔣「也是一位傾向於在意識形態與務實作風之間,設法取得平衡的政治人物。」我們檢視小蔣在 1970 年代開始實施的「本土化」政策,積極培植本省菁英,參與國政、黨政等重要各部門的決策,這是小蔣對於國際情勢和兩岸關係的務實面,不似老蔣所謂「漢賊不兩立」的意識形態堅持。

小蔣「本土化」的積極培植本省菁英,擔任黨政的核心幹部,就我所知,已故的臺南縣長楊寶發先生就是受到刻意培植的其中之一,當年他還是與小蔣的二兒子蔣孝武,同是革命實踐研究院國家建設班第 3 期的學員。

小蔣的重視基層建設,和流露庶民總統的作風。我們檢視小蔣在執政時期的經常下鄉,接觸民眾,處處可以顯示他的親民風格。特別是小蔣下鄉到臺南縣,由楊寶發縣長陪同到臺南縣柳營鄉視察酪農專業區發展的情形。

柳營酪農專業區主要分布在八翁里,早年的酪農戶由 6 頭牛慢慢養起,1990 年代前後是八翁酪農專業區擁有最多乳牛的時期,現今仍是國內相當重要的鮮乳產地。

臺南市柳營區也是臺灣最大的酪農區,這幾年來隨著產業轉型為具觀光價值的休閒業。牧場除了設有乳牛資訊及

DIY 教室，提供小朋友認識乳牛的生態之外，也讓參觀者獲得酪農相關常識。

牧場內有餐廳，提供各種由新鮮牛乳製作的美食，如營養健康的鮮乳火鍋、牛乳糖、奶酪、優酪乳、牛奶布丁、牛奶麻糬等等，鮮乳製品，味道純正香濃。

回溯小蔣的「本土化」政策，我自己在中美斷交的那個時間，開始進入國家體制內工作，生活得以穩定下來，建立家庭，並定居溫州街。如今已數十年過去，我每次回南部，總還可以品嘗到柳營酪農區的各種美食，特別是手工做的鮮奶饅頭。

臺灣出版界連續出版了三本有關中華民國史的著作，先有了天下文化的《錢復回憶錄》，和時報文化的《關中傳奇》，最近市面發行則有遠足文化出版林孝庭的《蔣經國的臺灣時代：中華民國與冷戰下的臺灣》。

這三本著作正巧與我過去服務的單位，和從事的工作多多少少有關係，因此都以急迫切的心態想要趕快閱讀。特別是為了《蔣經國的臺灣時代：中華民國與冷戰下的臺灣》這書，我還特別利用下課路過溫州街舊家的附近，冒著風雨趕到書店購買，試看在內容上可否能提供新資訊，以解決多年來有些長期存在自己工作上與教學研究上的困擾和疑惑。尤其是在構思、撰寫與出版《臺灣政治經濟思想史論叢》一系列的過程中。

林孝庭《蔣經國的臺灣時代：中華民國與冷戰下的臺

灣》這書裡，我最有興趣，而最想要進一步了解與釐清的就是該書第八章〈蔣經國眼中的臺灣、臺獨、本土化與民主化〉，這主題也是當前臺灣社會最受爭議的。

對於蔣經國在臺灣執政的功與過，始終存在有兩極化的看法。認為蔣經國執政對臺灣有功的，最明顯的就是推動「十大建設」，讓臺灣經濟發展成為亞洲四條龍之首，在政治上則是推動本土化，開放黨禁，促進臺灣的民主化。

曾在行政院服務的周伯乃先生回憶：

> 民國 60 年間，我尚在《中央》月刊任編輯時，行政院副院長經國先生交代我們製作一幅巨大飛鷹圖片要掛在他辦公室牆上。當時我們並不知道他的心意。後來我進了行政院政務委員室任機要秘書時，才漸漸了解到當年經國先生所面臨的政治環境，並不是外人所知道、所了解的情況？還是蠻複雜的？你聽聽「老鷹之歌」就體會到蔣經國先生內心深處充滿著難以想像的苦衷！他決心要向當前複雜的環境奮鬥！他知道自己肩負著重大責任，一定要完成富國強兵的時代任務！這也就是臺灣成為亞洲「四小龍之一」的主因！

當今社會也有認為蔣經國執政有過爭議的，最凸顯的就是主導「白色恐怖」的執政階段，與其有關的「孫立人

案」、「雷震案」、「美麗島案」、「江南案」等重大政治事件，他多少應該負起部分的責任來。

如果總體說來，要去評論蔣經國在臺灣執政的功與過，或許從「革新保臺」思維最能簡單地涵蓋「蔣經國眼中的臺灣、臺獨、本土化與民主化」了。

蔣經國對島內局勢已有相當的體悟，他在日記中記述：

> 新舊兩代之間，本省人與外省人之間，政府與人民之間，都有或多或少的「矛盾」，如果處理不當，可能發生嚴重的後果。

蔣經國對島內推動本土化已獲相當普遍的支持，他在日記中還特別感嘆的記述：

> 本省籍之高級人才稀少缺乏，不是不想用本省人，而實在是須要一段時間來培養他們。

蔣經國對島內推動民主化並未能全然釋懷與接受，他在日記中也記述：

> 所謂今日的「民主」、「前進」分子，美其名而已，一但有權在手，無惡不作，危害人民和社會的，就是這些以「民意」代表而自居的敗壞分子。

誠如林書在這章的結論中指出：

> 1987 年蔣經國以茶會招待 12 位臺灣耆老，告訴他們「我也是臺灣人」，臺灣也是他的故鄉。……除了流露出他對這片生活了四十年的土地之私人情感，以及從「異鄉人」到「本地人」的心境轉折之外，又何嘗不是國府遷臺後，出身並受益於威權體制的政治強人，親身終結數十年威權統治格局，讓臺灣得以走向真正民主的總紀錄。

從「革新保臺」思維的論「蔣經國眼中的臺灣、臺獨、本土化與民主化」，我們是不是可以形成一個共識，對於曾經擔任過中華民國總統的卸任者，最起碼也應該有一座公共的總統圖書館，提供作為國人專門研究的處所。我們非常期待今（2021）年 5 月 30 日蔣經國總統圖書館的開幕，我們也盼望《兩蔣日記》早日的回到蔣經國總統圖書館典藏（2023 年 9 月，兩蔣日記文物自美國史丹佛大學運回國史館典藏）；我們也期望相關法令的早日通過，讓設置李登輝圖書館的問題獲得圓滿解決。

蔣經國的「臺灣時代」

蔣經國先生在中華民國退出聯合國的第二年，也就是

1972年6月1日組閣，蔣經國開始啟用的青年才俊和本省籍菁英，臺灣正式進入蔣經國可以充分揮灑自如的「蔣院長時代」，亦符合冷戰時期美國老大哥對臺灣局勢發展的期待。

「蔣院長時代」的首次組閣，在這次發布閣員的名單中，本省臺籍人士就包括了：徐慶鐘副院長，林金生內政部長，高玉樹交通部長；謝東閔任臺灣省主席，張豐緒任臺北市長，還有李登輝、連震東、李連春等三人為政務委員。凸顯「蔣院長時代」開始「植根本土」政策，逐漸走向蔣經國內心思考未來要讓臺灣人主導臺灣發展的布局。

在上述閣員名單中，我關注政務委員的李登輝、連震東、李連春，其中又以李連春最引起我的好奇。他與我是小同鄉，我們同是來自嘉南平原，也就是當今臺灣最大穀倉，臺南市後壁區的「莊稼人」。

林孝庭《蔣經國的臺灣時代：中華民國與冷戰下的臺灣》，其書中引用《蔣經國日記》〈1941年2月21日〉的自記：

> 近來贛州市面米價上漲，推其原因無非是政治之紛亂以及米商之從中圖利，所謂米荒，皆是人為。上午電話通知吉安縣府，請其協助購米，並請熊〔式輝〕主席命令吉安、吉水等處不得強扣米商。因為此事，我坐立不安，總是想去解決此種難題。

這段涉及贛州米價上漲糧食問題所引發的政治經濟事件，讓當時擔任贛南行政專員的蔣經國坐立難安。我們對照兩蔣到了臺灣之後，會如此重視糧食問題，破格取用對臺灣糧食問題有研究的專家李連春，分別擔任糧食局長和政務委員。

　　檢視李連春的生平略述，他在日治大正 9 年（1920）畢業於臺南後壁菁寮公學校，曾於白河公學校擔任工友。赴日留學畢業後曾服務於總督府米穀局。臺灣光復後曾奉派擔任臺灣省糧食局局長。1949 年，政府遷臺，大量人口移入臺灣，糧食供應緊張，李連春制訂第一次糧食增產五年計畫；1970 年，蔣經國擔任行政院長任內獲聘為行政院政務委員。

　　李連春主持臺灣糧政長達二十四年，為臺灣早期糧政的主要奠基者，不僅規劃農業整治增產方案，並落實執行糧食的管制政策。贏得「牛車上不倒翁」的美稱。

　　李連春是否具國民黨籍背景，但我想這並不是很重要，以他農糧專業的技術官僚，除了受到老蔣總統的重視之外，尤其符合蔣院長時代的重用本省籍人士和技術官僚背景的兩大要件。

　　我在拙作《臺南府城文化記述》書裡，有篇〈後壁鄉誌補遺〉，係針對鄉公所編《後壁鄉誌》只列林榮賢和黃崑虎等二位工商界名士，似嫌有所不足。在對國家社會有重大貢獻者，應該多多增列如李連春等人士。

林孝庭《蔣經國的臺灣時代：中華民國與冷戰下的臺灣》，其書引述《蔣經國日記》〈1950年12月27日〉指出：

> 總統府「機要室資料組」何時正式成立運作，迄今未有明確答案，有謂一九五〇年初蔣介石將「政治行動委員會」改組為總統府「資料組」，然蔣經國日記顯示「資料組」成立之後，前者依然繼續運作，兩者同時並存，而非「取而代之」的關係。小蔣參與「資料組」工作的相關記載，最早出現於一九五〇年12月的日記裡，在此之前並無相關線索。

有關「政治行動委員會」與總統府「機要室資料組」分別成立的時間，及其相關性。根據徐復觀1981年12月4日發表於《華僑日報》〈悼念唐乃建（縱）兄〉文指出：

> 〔民國〕三十八年蔣公退隱溪口，三月間他〔唐乃建〕……也到溪口來了。……到臺灣他開始擔任總統府資料室（國家安全局前身）主任。……我〔徐復觀〕在溪口時，經國先生若向蔣公提出重要人事安排意見，常把名單先給我看，有一次他提出由我參加整理兩情報〔軍統、中統〕機關的名單，我懇切告訴他，兩機關內部情形，我一點也不了解，而

我的性格，又決不適於這種工作，請他把我的名字刪掉，勸他還是找鄭介民、唐乃建比較好。經國先生接受我的意見。

檢視 1950 年 1 月 23 日「俞濟時、唐乃建呈蔣介石政治行動委員會工作報告」。茲對照當時俞濟時 1949 年 1 月隨蔣介石退居溪口，4 月 25 日隨蔣介石離開奉化。8 月任國民黨總裁辦公室總務主任兼侍衛長的職務。

再檢視池蘭森將軍於《追思與懷念——紀念蔣經國先生逝世十周年口述歷史座談會紀實》指出：

因為經國先生做過情報負責人，我將這段敘述一下：民國三十九年〔1950〕我中央政府在大陸潰敗後來臺，因應情勢需要，在中央黨部下成立「政治行動革命委員會」，以此統合國家情治力量，官方通稱為「總統府資料組」，設立於新北投八勝園山麓，門前僅掛個小木牌，名為「秀廬」，並完成整合情治、嚴肅紀律、摘奸發伏及保障人權四大任務。九月十八日經國先生主持大陸敵後情報班，也就是情治界習稱的「石牌訓練班」。

揆諸上述的資料與文獻或可如下推論：「政治行動委員會」成立於 1949 年 8 月間，歸屬國民黨總裁辦公室，由俞

濟時、唐乃建二人掛名，但實際召集人係由軍統局出身的唐乃建出面統籌運作。1950年3月蔣介石復職視事之後，在總統府成立「機要室資料組」，由唐乃建擔任主任（或稱組長，該單位應屬臨時性任務編組），仍兼中央黨部「政治行動（革命）委員會」主任委員（或稱召集人）。

唐乃建任職上述兩項重要職務期間，皆因未有法源依據所成立的單位，且小蔣應尚扮演機要秘書性質的協助老蔣督導這兩個單位。一個月之後，當唐乃建調任內政部政務次長，該兩項職位與業務即由小蔣接掌。小蔣接「機要室資料組」主任後，陳建中曾任副主任。

1954年10月，總統府「機要室資料組」改組為國家安全局，鄭介民為第一任局長。陳建中於1968年接李煥中央委員會第一組主任，1972年一組改稱組織工作會，陳建中又將主任交李煥接任。

1950年8月，唐乃建奉派為國民黨中央改造委員會第六組主任，1952年，任中央委員會第一組主任，負責組訓、輔選動員等工作。1957年，調任臺灣省政府秘書長。1959年，出任國民黨中央黨部秘書長。1965年，調任國防會議副秘書長。1969年，任駐大韓民國大使，翌年回臺就任中國農民銀行董事長。6年後退職，受聘為總統府國策顧問。1981年，病卒臺北。

曾是唐乃建任職省府秘書長的同事、前教育廳長劉真於1982年10月27日《中央日報》發表〈懷念唐乃建兄——為

紀念唐乃建兄逝世周年作〉，文中除了提到：

> 唐乃建擔任中央黨部秘書長時，有一次宴請中央研究院院長胡適之先生，因他與胡先生相識未久，又恐胡先生不悉其寧夏路寓址，乃託劉真至南港代邀，並陪同前來，以示誠敬。當日同作者皆為學術界人士，席間所談盡是一些輕鬆的話題，未曾一語觸及當前政治實務。那晚酒菜俱佳，賓主盡歡而散。事後胡先生有一天向劉真說：「唐秘書長頗富書卷氣，不像是一位具有多方面政治經驗的人物。」

劉真在該文中，還特別提到唐乃建於 1965 年創辦臺南（女子）家政專科學校（今臺南應用科技大學），讓我聯想起謝東閔 1958 年的創辦實踐（女子）家政專科學校（今為實踐大學），和包德明 1957 年的創辦銘傳（女子）商業專科學校（今銘傳大學），以及 1970 年代何以會有那麼多所私立專科學校創立的部分原因了。

《蔣經國日記》與政工制度

早期我因受邀撰寫《臺灣警政史》一書中，有關〈警察與國家發展〉的部分，對於蔣經國、孔令晟與臺灣警政發展

的資料蒐集和判讀，有了初步的涉獵與了解。後來我又因整理與撰寫《臺灣治安史略》（收錄《臺灣政治經濟思想史論叢（卷五）》）的關係，我更擴及對於蔣經國與建立政工制度的關注。

當然本文不是蔣經國與全面性政工制度的探討，我只是從現任史丹佛大學胡佛檔案館東亞館藏部主任林孝庭出版《蔣經國的臺灣時代——中華民國與冷戰下的臺灣》的大作，根據他從《蔣經國日記》中的引述，其有關 1955 年 6 月去世的前參謀總長桂永清，當時為什麼他會被大肆造謠，是因為反對政工制度而被蔣經國「毒死」。

林孝庭《蔣經國的臺灣時代——中華民國與冷戰下的臺灣》指出：

> 一九五〇年秋天，蔣經國曾在日記裡寫道，他將以情報、游擊、政工和軍隊黨務做為日後的工作重心，……該年稍早，蔣從原國防部政工局長、留俄同窗鄧文儀手中接過印信，正式接掌國軍政治工作……他缺乏優秀軍事背景人才可以運用，陸、海、空三軍高階將領不但不重視政工，甚至敵視政工，視政工人員為軍中密探，專司監督部隊的指揮官，製造軍中恐怖與猜忌的氣氛。……
> 一九五一年五月，蔣經國前往左營海軍總司令部召開政工會報時，他根據海軍政工幕僚提供的資料，

批評海總高層「重視機關,不重視部隊艦艇士兵生活」、「重陸地不重海上」、「重形式不重視批評,各級長官都不願人家向他呈訴」,小蔣用意本在關心海軍基層士兵的權益,不料此番談話卻引來總司令桂永清強烈的反彈;蔣前腳剛離開,桂立即宣稱蔣的消息來源全係一小報告,捏造是非且毫無根據,甚至負氣聲稱他「不想再幹這個總司令,誰願意當請誰來當好了」。

林孝庭《蔣經國的臺灣時代——中華民國與冷戰下的臺灣》繼續指出:

一九五一年夏天蔣介石獲政工人員密報,得知海軍內部出現「四維社」的次級團體組織,便嚴厲指責總司令桂永清,並一口氣將十三名海軍將領撤職,而華府卻將此事件解讀為小蔣挾私怨報復桂永清之舉,令老美感到更不可思議的是,老蔣因擔憂海軍內部可能叛變,竟然允許政工部門的權力超越總司令。兩蔣父子至感憤怒的是,部分國軍將領配合美方,攜手反對政工制度,中央情報局文件揭示,公開反對政工的孫立人與桂永清,都曾私下向老美抱怨,身旁負責情報業務的幕僚遭到撤換,由蔣經國的人馬取代,而同樣對政工制度持異議的黨國大老

何應欽則一度遭到形同「軟禁看管」的待遇，不被允許離開臺北市。

1955 年 6 月 26 日《蔣經國日記》調查報告指出：

> 一九五五年「孫立人案」為一件冤案，是兩蔣父子因政治因素而對其整肅。……六月二十二日至二十五日小蔣前往金門視察時，還發現當地支持孫立人的「叛亂」組織，大肆造謠不久去世的前參謀總長桂永清，是因為反對政工制度而被蔣經國「毒死」。因此小蔣主觀認定，這些「叛亂」組織「雖未深入部隊，但卻已有其普遍性」。

我檢視桂永清相關資料，據〔好讀書櫃〕2016 年 8 月 26 日雷洵《漫談桂永清和海軍裡的江西老表將軍們》指出：

> 桂永清是黃埔一期生，抗爭勝利後，國府要重建海軍，老蔣總統不信任福建籍的海軍宿將陳紹寬，乃派當時的參謀總長陳誠兼任海軍總司令。陳推薦桂永清為海軍副總司令，不久真除為海軍總司令。國府遷臺後，海軍總司令部總政治部主任趙龍文中將，他對桂的鬥爭逐漸的由暗轉明，桂在老蔣面前

請求撤換趙龍文；老蔣把一疊由海軍將領聯名控告桂的控狀丟給桂看，後來桂被調任參軍長。

未久，桂擔任參謀總長，有次在陽明山實踐研究院對學員講話，「我這一生做過的最大的一件錯事，就是錯用了周雨寰。」周是桂當海軍總司令時的中將陸戰隊司令，他是聯名控告桂時的領頭羊。但天有不測風雲，桂未幾即因「暴病」身亡，也有傳說他是在與小蔣的鬥爭中被迫「自殺」的。

根據〔維基百科〕記述：

1954年7月1日桂永清升任參謀總長，在參謀總長就職52天後，因力疾從公，竟至不起，心臟病觸發死亡，享年54歲。

對於桂永清之死的不同說法，不論是「毒死」、「暴病」身亡、被迫「自殺」，或是「心臟病觸發死亡」。綜觀桂永清的在軍職期間，主要起因於他不滿意小蔣的政工制度，才是他真正的致命傷吧？

蔣經國與「劉自然事件」

「劉自然事件」或被稱為「五二四事件」。林孝庭在

《蔣經國的臺灣時代：中華民國與冷戰下的臺灣》的敘述：

> 〔1957年〕三月二十日的深夜，美軍顧問團一位名叫雷諾（Robert G. Reynolds）的陸軍上士，在臺北陽明山寓所前開槍擊斃國軍一名少校軍官劉自然，案發後雷諾聲稱劉在屋外偷窺其妻入浴，被發現後還不離去，他從室內持槍而出，劉則企圖用木棍加害，雷諾因而開槍自衛，劉負傷逃走，最後喪命。……美軍在臺的軍事法庭審訊結果……雷諾槍擊劉自然是「誤殺」，並以罪證不足宣判雷諾無罪，予以釋放。

上述林書中提到的劉自然，其更精確的身分，或謂是軍中退役的轉任於國民黨所屬革命實踐研究院工作人員。當雷諾一家人在美方安排下已乘專機離臺的消息傳出，最後「五二四事件」引發成了國府遷臺以來最大規模的一場反美暴動。

因為在示威群眾中有許多的青年學生，其中包括成功高中的學生，該校校長潘振球素來與蔣經國有淵源，尤其小蔣的大兒子孝文、二兒子孝武，他們二位都出自該校，受校長照拂，關係非常密切。之所以還會有該校學生來參與這項抗議活動，顯然事件非比尋常。

儘管二天後，外交部長葉公超代表政府致歉，並願意賠

償一切損失；我國駐美大使董顯光也向美國國務院提交正式道歉照會。蔣介石亦在總統府接見美國大使藍欽（Karl Rankin）表達歉意，在責任歸屬方面，臺北衛戍司令黃珍吾、憲兵司令劉煒、臺灣省警務處處長樂幹，以及臺北市警察局局長劉國憲等人皆遭撤職。

根據林書中的引用《蔣介石日記》和《蔣經國日記》指出：

> 藍欽竟當場表示，美政府認為這三名首長的撤職毫無用處，並暗指蔣經國應當對全案負起最大的責任。小蔣自記，陳誠逢人就說「這都是蔣經國幹的好事」，國防部長俞大維也沒有好話，向美方強調事件發生時，聽命於小蔣的國安局曾命令憲兵不要前往大使館維持秩序。

林書還引用這段期間小蔣在日記中的感慨政府內有不少「賣國求榮與媚外之徒，撥弄是非，捏造事實，達成其自私自利之目的」。美駐臺人員為釐清案情，「向審問犯人一樣天天困擾我」，「難道我只是為背冤枉而到人間來嗎？」「不知天下尚有為我容身之處乎？」儘管「五二四事件」之後，美方最後的調查結果並無證據顯示此事件有預謀、有職業暴徒的組織性參與，或由蔣經國等高層人士涉入其中，而是相信暴徒乃群眾情緒失控所致。

但「五二四事件」還是影響後來小蔣的預備訪美行程，和小蔣之後的調任行政院退除役官兵輔導委員會，乃至於隔（1958）年5月國防部將臺灣防衛總司令部、臺北衛戍司令部、臺灣省保安司令部及臺灣省民防司令部等四個機構裁併，另行設置臺灣警備總司令部，隸屬於國防部，主管臺灣地區警備、治安、民防、戒嚴、衛戍及協助緝私等業務。

至於素來與小蔣關係良好的成功高中校長潘振球，之後則在1978年歷任國民黨臺灣省黨部主任委員、救國團主任、中國廣播公司董事長，並在1987年任國民黨中央委員會組織工作會主任，乃至最後的公職是擔任國史館館長。

蔣經國廖文毅黃朝琴「三角關係」

林孝庭《蔣經國的臺灣時代：中華民國與冷戰下的臺灣》的書中提到：

> 為了拉攏臺籍菁英並扭轉「特務頭目」的形象，蔣經國可謂用心良苦；一九六一年春天，東京「臺灣共和國臨時政府」在臺地下組織被情治單位查獲，翌年初，同樣由廖文毅創立的「臺灣民主獨立黨」在臺地下工作委員會也遭破獲，廖的眾多親友皆遭軍法審判。
> 此時小蔣出面招撫，透過行政院政務委員蔡培火、

> 臺灣省議會議長黃朝琴、國民黨中央黨部副秘書長徐慶鐘與總統府資政丘念台等臺籍人物，積極勸說廖文毅放棄臺獨返回故鄉，又透過調查局向廖喊話，只要他肯回來，保證無條件釋放其親友，歸還所沒收的財產，並給予適當的職務與地位。此種心理戰逐步發生效果，一九六五年五月十四日廖文毅自東京搭機返臺，離開日本前他發表聲明，「決心放棄臺灣獨立組織活動，響應蔣總統反共建國聯盟號召，劍及履及，離日返臺，貢獻所有力量。」

回溯「劉自然事件」發生於 1957 年 5 月 24 日的二天之後，在日本由廖文毅擔任大統領的「臺灣共和國臨時政府」，假東京基督教青年會館（YMCA）發表聲明指出：5 月 24 日反美暴動係國府特務的陰謀，與臺灣人無關係。

檢視廖文毅在 1945 年國府接管臺灣，他被指派為臺灣行政長官公署工礦處的簡任技正，並兼臺北市政府工務局長。1946 年辭去兼工務局長，改兼任臺北市公共事業管理處處長。

對照黃朝琴 1945 年以外交部駐臺特派員兼任臺北市市長，時間是在 1945 年 11 月 1 日至 1946 年 3 月 1 日，廖文毅任職於臺北市政府期間應該曾經是有過黃朝琴市長的下屬。而在之後的「制憲國大代表」臺北市區選舉，廖文毅又因票數敗給連震東而告落選。

1946 年,臺灣省參議會成立,黃朝琴出任議長,秘書長由中央簡派連震東出任,黃朝琴的擔任臨時省議會及省議會議長,先後達 17 年之久。如果以同是臺灣大地主家產的子弟出身,和同是有留學日本、美國的學識背景,相較這些期間政壇的活躍,廖文毅顯然要比黃朝琴落寞多了。

黃朝琴出生在現今的臺南市鹽水區,他競選的省議員期間,臺南縣市尚未合併。每逢選期的時候,我老家在後壁都屬於他的選區,我們家也都是他的忠實支持者。據傳黃朝琴先堂的墳墓還葬在我們後壁區長短樹里的白沙屯呢?

1980 年代,我讀《中外雜誌》連載王紹齋校訂的《黃朝琴回憶錄》,我特別注意黃朝琴自舊金山總領事調任仰光時,胡適大使回給他的一封信。我敬佩黃朝琴的本省籍,能在外交系統服務,又受到長官胡適信裡說的「老兄調任仰光,是舊金山的絕大損失,是我的絕大損失,老兄在舊金山任內的成績,我是佩服。」

1977 年 11 月 19 日,臺灣舉辦五項地方公職選舉,包括縣市長、縣市議員、臺灣省議員、臺北市議員與各縣的鄉鎮市長。在桃園縣長部分,國民黨提名調查局出身的歐憲瑜參選桃園縣長,臺灣省議員許信良也有意參選桃園縣長,因未獲國民黨提名而自行宣布參選,遂遭國民黨開除黨籍。

在縣長選舉投票過程中,由於民眾強烈質疑國民黨有作票之嫌,引起中壢市市民憤怒,群眾因此包圍桃園縣警察局中壢分局、搗毀,並放火燒毀警察局,警方發射催淚瓦斯,

以及開槍打死青年的暴動事件,史稱「中壢事件」。亦被認為是臺灣民眾第一次自發性走上街頭的抗議活動。

開票結果為許信良大勝歐憲瑜,當選桃園縣長。同時黨外人士共贏得四個縣市長寶座、二十一席省議員與六席臺北市議員。根據林孝庭《蔣經國的臺灣時代:中華民國與冷戰下的臺灣》的引述《蔣經國日記》(1977年11月29日、11月30日、12月1日)指出:

> 蔣經國因此數夜難以安眠,慚愧之至,視此為「從政以來所遭受的最大打擊」。

1977年的「中壢事件」發生之後,導致當時身兼國民黨組工會主任、革命實踐研究院主任與救國團主任的李煥下臺,王昇權力擴大,政壇遂出現有所謂「李(煥)換王(升)昇」之說。王昇更承小蔣之命,將1980年原為因應臺美斷交所臨時組成的反統戰「固國小組」,轉型為「王復國辦公室」,直屬國民黨秘書長辦公室,王昇擔任主任,一年後該單位更名「劉少康辦公室」,相對應於中共「中央對臺工作小組」的機構。

從治安的角度,檢視「中壢事件」暴動的經過始末,當時負責治安的名為警備總部,但實際執行的警政署署長兼臺灣省警務處長孔令晟。當時小蔣要他推動警政現代化,「中壢事件」發生時,他就在現場坐鎮指揮,當時就提出來「打

不還手,罵不還口」的原則,但是最後還是有群眾和警員發生打傷的流血。

2000年12月4日,孔令晟在接受遲景德、林秋敏、郭世雅的訪問指出:

> 要建立制度威信,全世界都一樣,要遊行示威要有法依據,驅散以後要辦主使者。中壢事件是六十六年十一月,但我想六十六年未到六十七年初,我和經國先生說,他就答應我這樣做,美麗島事件是六十八年十二月十日,搞了兩年沒有搞成,最後沒有辦法,還是打不還手,罵不還口。中壢事件,經國先生很辛苦找了我,因為第一線是警察,我說沒別的辦法,就是不還手,一流血就麻煩。……六十九年(1980)警政現代化能搞成這個狀況,也因為我這個狀況,但最後還是不行了。

「中壢事件」在政壇上造成「李(煥)換王(升)昇」之說,不但內政部長張豐緒下臺,連動的孔令晟的警政現代化也受到影響。

2021年5月10日,蔡英文總統於出席在東吳大學舉辦的「傅正逝世30周年新書發表會暨頒獎典禮」,並頒獎給第四屆傅正講座獲獎人薛化元。她感謝薛化元長年投入民主政治史的研究,把傅正的日記集結成書,這是一段很重要的

歷史，讓每個世代的臺灣人，從傅正的經歷中，體悟到臺灣民主運動的發展歷史。

傅正是臺灣民主運動的關鍵人物，歷經白色恐怖，在戒嚴風聲鶴唳時期仍堅持理念，前後兩次籌組政黨。一次是 1960 年協助雷震籌組「中國民主黨」，而坐牢六年三個月，另一次則協助催生 1986 年民進黨的成立。他是臺灣戰後唯一跨越兩次組黨的核心人物。

林孝庭在《蔣經國的臺灣時代：中華民國與冷戰下的臺灣》的書中提到：

> 1958 年雷震與兩度以黨外身分當選臺北市長的高玉樹，以及臺灣省議會本省籍議員郭雨新、李萬居、吳三連等人共組「中國地方自治研究會」，但遭國府當局阻撓禁止。1960 年春天，蔣介石最後以《動員戡亂時期臨時條款》部分條文的方式連任總統，並且打破任期限制。此一結果也加速跨省籍政治人物的結盟。四月下旬，臺灣縣市長與省議員選舉結束後，雷震與李萬居、高玉樹等人立即宣布組織「地方選舉改進座談會」，跨出籌組新政黨的第一步，隨後在全臺各地舉辦巡迴座談會。

林孝庭引述《蔣經國日記》（1960 年 4 月 26 日、5 月 14 日）指出：

由於該次選舉有不少非黨籍臺人高票當選，蔣經國反省國民黨必須適應新的政治環境，做法上應採取「外鬆內緊」的原則，面對臺籍政客，他自忖「不可用壓迫的方式來解決問題，但亦決不可以為遷就即可了事。」或許蔣經國此種心態發揮一定的作用，抑或是國府當局仍需顧慮國際觀瞻，對民選議員有所忌憚。因此，當該年9月4日警備總部突然以叛亂罪將雷震與《自由中國》編輯傅正等人逮捕時，並未將同樣參與籌組反對黨的高玉樹、郭雨新、李萬居等臺籍人物一併法辦，……

承上述，我對照臺籍政治人物葉廷珪（1905-1977）的從政過程。葉廷珪出生於臺南市。日治時期曾任臺南市會議員。1946 年，當選臺南市東區區民代表。1947 年，「二二八事件」，他遭到政府拘捕，經判決無罪釋放。

1950 年，葉廷珪出馬角逐臺南市第一屆民選市長，與臺南市議長黃百祿並列前二名高票，進入第二次投票。在第二次投票中，葉廷珪整合臺南市黨外勢力當選，成為臺南市歷史上第一個黨外市長。

在第一屆市長選舉第二次投票前，葉廷珪即曾北上會面國民黨臺灣省改造委員會主任委員倪文亞，請求加入中國國民黨，並獲臺南市黨部受理。1954 年，第二屆臺南市長選舉中，未獲提名的葉廷珪違紀參選，連任失敗。

1957 年，他以無黨籍身分當選第三屆臺南市長。1960 年，第四屆臺南市長選舉時，葉廷珪敗給國民黨提名的辛文炳。然而，選後國民黨被指控在選舉中舞弊，引起《自由中國》在社論中要求應宣告選舉無效。

其中曾傳出國民黨派蔡培火、省府委員侯全成向葉廷珪「疏解」，勸其放棄選舉無效官司，而據《雷震日記》記錄，在葉廷珪與雷震會談時證實此事，並謂對方表示如不訴訟，省政府將給一委員，結果遭到葉氏以服務地方拒絕。

日後，葉廷珪一度列名《自由中國》「地方選舉改進座談會」召集人，並為「中國民主黨」籌備委員會召集人，直到 7 月原定臺南舉行座談會前夕，葉廷珪在報上發表啟事聲明與座談會無關。此舉被視為對吳三連在市長選舉支持辛文炳不滿，而召集人之一郭國基也因李萬居對他的批評不滿，鼓勵葉氏不要參加座談會。

1964 年，第五屆臺南市長選舉，葉廷珪以無黨籍身分當選臺南市市長。1965 年，葉廷珪恢復國民黨籍黨後，曾一度打算競選第六屆市長，然因《地方自治法》通過後，他以當時年齡超過 61 歲無法參選市長。

1968 年，葉廷珪任期屆滿卸任。卸任後受聘為臺灣省政府顧問。1972 年，國大代表選舉時，他曾登記國民黨內國大提名，然而未獲國民黨提名。對此葉廷珪一度表示競選到底，並違紀登記參選國大代表，最後遭國民黨勸退撤回登記。1977 年，葉廷珪病逝。

檢視葉廷珪一生的從政與參加選舉活動，凸顯他遊走於國民黨、無黨籍，和雷震籌組「中國民主黨」間的恩怨之情，和無奈分合的政治現實。這也正代表 1970 年代的前後，臺灣在戒嚴時期政壇上的複雜性與弔詭面。

蔣經國與《臺灣關係法》

共同起草美國對臺灣重要政策依據《臺灣關係法》（Taiwan Relations Act）的前紐約州民主黨籍國會議員沃爾夫（Lester L. Wolff）不幸辭世，嵩壽 102 歲。

沃爾夫 1965 年到 1981 年任職眾院期間，尤其擔任亞太事務小組委員會主席，他是負責替中共領導人鄧小平傳話給時任美國總統卡特（Jimmy Carter）的關鍵人物，促使美國於 1979 年 1 月 1 日起與中華民國斷交，並與中華人民共和國建交。

在美國尚未承認中共政權以前，為了保持與臺灣的經貿與軍事聯繫，他與另外兩位參議員甘迺迪（Edward Kennedy）、克蘭斯頓（Alan Cranston）共同起草《臺灣關係法》。1979 年 3 月 28 日及 29 日眾參兩院分別火速通過《臺灣關係法》，卡特於 4 月 10 日簽署生效。

卡特接受了中國的「建交之三條件」：撤出駐臺美軍、廢除《中美共同防禦條約》、終止與臺灣所有官方關係。《臺灣關係法》則規範美國與一個非邦交國家的關係，一定

程度上認可了臺灣的主權地位,並明定美國對臺灣防衛的義務,承諾提供必要與充分的防衛物品與防務,宣示抵抗任何國家對臺動武,同時表明任何企圖以非和平方式來解決臺灣的前途之舉——包括使用經濟抵制及禁運手段在內,將被視為對西太平洋地區和平及安定的威脅,而為美國所嚴重關切。

林孝庭在《蔣經國的臺灣時代:中華民國與冷戰下的臺灣》書中提到:

> 蔣經國接獲消息後,內心沒有太大的起伏,僅在當天日記裡寫下「今天應訂為雪恥日」。或許中華民國走向「臺灣化」,並非小蔣本意,然而外交現實情況的演進,讓他少有其他更理想的選擇。蔣經國面對美國與中華民國斷交,並與中華人民共和國建交的國際政經處境,儘管全國上下盡了最大努力,勉強接受了與美國簽訂的《臺灣關係法》,但是國內政治的反政府、反國民黨的情勢亦已經日趨嚴峻。

除了 1978 年 12 月臨時中斷立委選舉的因應策略之外,隔年的恢復立委選舉,還是爆發了「美麗島事件」,更凸顯臺灣地方政治生態的劇變。在此,本文舉蔣經國執政時期與本省籍地方人士的關係加以敘述。

蘇南成在臺南市議員、市長選舉中的政治與政黨立場的轉變。蘇南成於 1964 年第六屆臺南市議員選舉最高票落選。1968 年，第七屆市議員選舉，蘇南成由國民黨提名，當選臺南市議員。在議員期間，即有意參選議長但未獲得國民黨提名。1972 年，第七屆臺南市長選舉，蘇南成爭取黨內臺南市長提名，但最後國民黨提名張麗堂，他即脫黨以無黨籍參選的敗給張麗堂。

　　1973 年，第八屆臺南市議員選舉，他以最高票連任臺南市議員。1977 年，再度以「黨外」身分參加第八屆臺南市長選舉。此次選舉他在政見發表會上提到行政院長蔣經國，必冠以「賢明」兩字；提到故總統蔣中正，則肅立稱「偉大」，口口聲聲「主義領袖」與「愛鄉愛國」，贏得許多公教票與軍眷票。結果蘇南成擊敗尋求連任的張麗堂，當選第八屆臺南市長。

　　蘇南成上任後實施夜間辦公，獲得時任行政院長蔣經國讚揚。蘇南成在市長任內也表現與黨外保持距離。1979 年，「美麗島事件」發生後，黨外人士要在中山公園（今臺南公園）辦活動，遭蘇斷然拒絕，並批美麗島人士為「暴力分子」，引起黨外勢力與其翻臉並公開批判。

　　1981 年，臺南市長選舉中，在國民黨開放參選的情況下，順利連任第九屆臺南市長，成為民選以來第一位連任成功的臺南市長。他在當時中華民國總統蔣經國「欽點」下，恢復國民黨籍。1985 年，繼任許水德成為高雄市市長。

1990 年，卸任高雄市長。1992 年，轉任不分區國民大會代表，並於 1999 年 1 月，繼錢復之後接任國民大會議長。又因推行國代延任案，9 月被國民黨開除黨籍，而喪失不分區國大代表資格。

　　2001 年，以無黨籍身分參選第十四屆臺南市長落選。2002 年，當選第十五屆臺南市議員。離開國民黨後，2003 年 12 月，在時任總統陳水扁拜訪下，表態支持陳水扁連任。2004 年，時任臺南市議員的他以無黨籍身分參選立委落選。2005 年，蘇南成獲陳水扁聘為總統府資政。2010 年，高雄市長選舉時表態支持脫離民主進步黨參選的楊秋興。2011 年，第八屆立委選舉時則表態支持邱毅競選立委。2014 年 9 月，病逝。

　　1979 年，《臺灣關係法》的簽署，代表美國對中華民國態度與立場的轉變，在蔣經國的日記裡寫下「應定為雪恥日」；反觀國內複雜政治生態的巨變，吾人目前無法確認《蔣經國日記》裡是否記下蘇南成在臺灣政治與政黨角色中的轉變，也會如《臺灣關係法》的應定為雪恥日。

　　蔡培火（1889-1983），祖籍福建晉江。其先祖早年來臺經商。蔡培火 1889 年（民國前 23 年）5 月出生於雲林北港。1909 年，畢業於臺灣總督府國語學校師範部之後，在臺南第二公學校任教員，遷居臺南。1914 年，在林獻堂的引薦下，加入日人板垣退助發起的「臺灣同化會」。

　　1915 年（大正 4），「臺灣同化會」以因違害社會秩

序,被總督府強制解散,蔡培火在莫須有之罪名被捕下獄。解職之後的蔡培火在林獻堂資助下,1916 年入東京高等師範學校,1920 年畢業。在學期間任東京「啟發會」幹事、「新民會」幹事,以後又任發行人兼編輯人等職。

　　1923 年,在他 35 歲時,以普及臺灣白話文運動,和出任林獻堂擔任「臺灣文化協會」總理的秘書長(專務理事)。1924 年,因「治警事件」以違反《治安警察法》,與蔣渭水、陳逢源等人被捕下獄。1927 年,「臺灣文化協會」分裂,蔡培火與蔣渭水、林獻堂等民族主義派離開協會,另組「臺灣民眾黨」繼續從事政治活動。

　　1895 年之前的蔡培火年少時期,是在大清帝國的統治下,他回到臺南從事教職;1895 年至 1945 年的日本統治期間,他在臺灣推展臺語文、參與《六三法》撤銷、設置臺灣議會,和爭取臺灣人自治等運動。他在《與日本本國民書》特別提到「在臺灣所激起的民族運動,想亦大體類似中國的情形,即是外部的壓迫激成內部的團結,因他族之嚴重侵害而使自族奮起防衛愈趨堅決」。

　　1963 年,《徵信新聞》(《中國時報》前身)登載蔡培火接受訪問,曾自謂在日本高壓統治的年代,他是身處「殺頭相似風吹帽」(不畏危險語風吹帽)的環境下,還仍能「敵在世中逞英雄」(敢逞英雄起漢魂)的革命生活。該訪問文中還附有一張照片,是 1924 年春《臺灣民報》在東京創立所攝,照片中人士包括:蔡惠如、黃朝琴、黃呈聰、

林呈祿、陳逢源、蔡式穀、蔡培火、蔣渭水。

1945年之後的戰後國民黨執政時期。1946年,他在58歲的高齡加入國民黨。1947年,以臺南地區的當選立法委員。1948年,擔任臺灣省黨部執委。1949年,受聘東南長官公署政務委員。1950年2月,入陳誠內閣成為臺灣省籍人士的政務官。

我特別檢視蔡培火於1961年4月20日以政務委員提出的「改革地方黨部的建議意見」,經黨秘書長唐縱函覆行政院秘書長陳雪屏的轉呈,和於1962年2月22日以黨員提出的「關於黨務部分建議意見」,其內容大多以建議中央應重視地方黨部的組織,和大量取用本省籍人士為其主要關注的議題。

1979年12月,「美麗島事件」發生,當時他以身為國民黨中央評議委員在該黨十一屆四中全會堅決指出,促進團結和諧之道,必須是執政黨與黨外人士加強溝通,並主張內閣中應增加在野黨和無黨籍人士的名額。

1981年4月,國民黨十二全大會中更大聲疾呼執政黨要有包容精神的促進全民團結。吳三連曾在《自立晚報》有篇〈一代人豪蔡培火先生〉的肯定蔡先生文字。

蔡培火與廖溫音於1949年在南京結婚,廖溫音在抗戰時即協助宋美齡推動婦女工作,擔任國民黨中央組織部婦女運動委員會委員。1946年,宋美齡派廖溫音來臺協助推行婦運。

1983年5月，蔡培火病逝，享年95歲。2000年，「吳三連臺灣史料基金會」出版了七冊的《蔡培火全集》，提供許多近現代史的第一手資料，讓國人研究他參與臺灣政治經濟發展的歷史有更深入釐清和認識。

回溯1946年臺灣省參議會成立，黃朝琴當選省參議會議長，而原本呼聲頗高，且在輩分上高於黃朝琴的林獻堂，但在丘念台的介入居間協調之後黯然退出。1947年5月，林獻堂被魏道明省主席聘為臺灣省政府委員，翌年任命「臺灣省通誌館」館長，實不足以與昔日的身分地位相稱，致使他不得不於1949年遠走日本。

黃朝琴在其《回憶錄》指出，1945年8月15日，日本投降，當時在蘭州的黃朝琴決定請假回籍省親，後來當他決定應邀出任臺北市長，回到重慶後，聽到老前輩林獻堂先生適來上海歡迎陳〔儀〕長官，他遂寫第二封信給獻堂先生，報告他要回臺服務，請獻堂先生指導工作方針。

1955年，蔡培火以政務委員受命赴日勸林氏返臺未果，隔年（1956）林獻堂客死東京。我不去揣測或推論蔡培火在二戰末期之所以會去重慶的動機。至於他的勸林獻堂返臺，和林獻堂的滯留日本不歸，或許有其中的部分原因，主要是涉及與黃朝琴省參議長選舉的未能如願有關吧？

我比較可以確定的是：蔡培火在日本統治臺灣和國民黨政治本土化政策上，他為臺灣人發聲的態度與立場是一致的，其角色是盡他在推動羅馬拼音白話文之外的另一份心力

吧!

蔣經國的「凱因斯式」經濟政策

　　政府在經濟發展中的角色,是一個老生常談的議題,但是在思考到底市場指導經濟發展重要?還是政府主導經濟發展重要,是爭議不斷而無定論的議題。

　　市場重要或是政府重要?這凸顯 20 世紀全球經濟發展以來,強調市場理論的海耶克(F. A. Hayek),與強調政府理論的凱因斯(J. M. Keynes),他們倆人在這長達一世紀之久的經濟理論之爭,總存在著互為消長的情勢,孰優孰劣迄尚無定論。

　　回顧戰後臺灣經濟發展的過程,政府與市場都曾分別扮演著不同階段的重要功能和角色。這段經濟發展的歷史,我們就很容易會聯想起蔣經國與李國鼎這兩位擔負經濟發展舵手的責重要人物來。

　　林孝庭《蔣經國的臺灣時代:中華民國與冷戰下的臺灣》,其書中第九章〈民生與經濟建設〉的這章節提到:

> 持平而論,國府遷臺初期,縱使蔣經國個人偏好具有濃厚社會主義色彩的計畫經濟,傾向由政府主導國家經濟發展,反對經濟自由化,但他終非參與臺灣財經議題的核心人物,而美方對財經技術官僚的

主觀偏好,卻讓蔣內心深感不平,從其日記內容可知,他甚至情緒化地遷怒與美方關係密切的中方財經官員,對這些人的言談作風心生厭惡。……私下批評尹仲容「驕傲狂妄」,以及楊繼曾「得意忘形,處處發表高談闊論,目中無人」。

王作榮發表在《傳記文學》,後來收錄在《李國鼎先生紀念文集》的一篇懷念〈李國鼎先生在臺灣經濟發展中的定位〉的文中指出:

> 李國鼎是一個非常有眼光、有能力,更有活力的人。……這與當年他在美援會的作風一樣。當年尹仲容要壓住他而無能無力,蔣經國有能力連部長本職都去掉,孫運璿則雍容大度,採取自由放任主義,給你〔李國鼎〕一個無人管的編制外單位,給你一筆錢,由你去玩,好讓我安心做事,不料柳竟成蔭,現在還救了臺灣經濟一命。

另外,李國鼎之所以從經濟部長調任財政部長,和政務委員的原因,應與其在財經界形成一股勢力,讓蔣經國對其有所顧忌。任治平在《這一生:我的父親任顯群》書中提及,1958 年 1 月 13 日任顯群獲假釋,時任考選部長的姨公陳雪屏去看守所辦理交保手續,在陪其回永康街的家,並叮

嚀假釋出獄，說話行事都須小心。

《蔣介石日記》曾提及：陳雪屏與自由主義胡適走得近，「藉黨外勢力以自重，並招搖挑撥」。陳雪屏長公子陳棠，曾追隨李國鼎多年，當年與李偉、季可渝、李端玉、許遠東有「五虎將」之稱。陳雪屏女兒陳淑平又是嫁給自由派著名學者余英時。或許這樣的複雜關係，也是導致蔣經國對李國鼎不放心的原因之一。

回到國家發展經濟到底是市場重要？或是政府重要？政治中有經濟、經濟中有政治的政治經濟學探討的理論。或許我們可以做一個簡單結論：蔣經國主張的是偏重凱因斯經濟理論中的政府（政治）角色與功能；而李國鼎主張的是偏重海耶克經濟理論中的市場（經濟）自由與機制。政策本身並無好壞之分，而是只要能解決問題的就是對的政策、好的政策。（2024-07-03 修稿）

側記解嚴後李登輝執政的民主化
（1988-2000）

1987 年，對我個人工作和國家都是重要又值得記念的有意義一年。2 月，我有機會開始在大學兼課。7 月 15 日，也是中華民國總統兼國民黨主席蔣經國先生宣布解除戒嚴的日子，中華民國終於解除自 1950 年 5 月宣布戒嚴以來，長達 38 年的戒嚴統治。

11 月，國民黨主席蔣經國進行黨重要人事的調整，秘書長由李煥先生接替蔣彥士先生，組織工作會主任由關中先生接替潘振球先生。12 月，民進黨由姚嘉文先生出任第二屆黨主席。1988 年 1 月 13 日，蔣經國總統過世，李登輝先生繼任總統。

國民黨「第十三屆全代會」

1988 年 7 月，國民黨召開「第十三屆全國代表大會」，正式推舉李登輝先生為黨主席，中央委員會結構、排名出現大洗牌，完成蔣經國自擔任行政院長以來所推動國民黨本土化的遺願。

8 月，我寫了這篇〈十三全大會重要議案之體認〉的文字，提到第十三次全國代表大會的採民主方式，產生領導階

層的人才,對於選舉人或被選舉人都是在進行一場公平的民主競賽。力行黨務革新包括:力行黨務經營企業化、力行政治運作民主化、力行經濟發展自由化、力行社會工作多元化、力行文化建設中國化、力行大陸政策彈性化。

承上述,這是 1988 年 1 月,經國先生過世,黨內經過一場內部權力爭奪角力。8 月,國民黨順利召開十三全代會,李登輝繼任黨主席的經過。

1987 年,臺灣解嚴之前,我有幾次為人助選的經驗。1981 年 12 月,為臺南縣長楊寶發的競選連任;1983 年 5 月,為臺南縣洪玉欽先生的競選立法委員;1986 年 12 月,為臺南縣蔡天再先生的競選國大代表;以及 1992 年 12 月,解嚴之後再為洪玉欽立委的連任助選。

我這四次助選地區與活動都特地選擇在臺南縣,他們的競選總部楊寶發先生是設在新營;洪玉欽先生的兩次都設在他的老家下營;蔡天再先生的設在鹽水,是他創辦的明達中學校園裡。

這些地方可說都是偏在臺南曾文溪的溪北地區。我之所以會選擇為他們助選,主要原因是我們陳家自明末清初從福建泉州移民來臺之後,二、三百年來就一直定居臺南所謂的「下茄苳堡」地區。經過幾代的經營下來,家族人在這地方上也累積了一點人脈基礎,這都有助於我的返鄉助選,和順利的達成付託。

楊寶發縣長、洪玉欽立委,和蔡天再國代等三位,他們

仍然活躍於解嚴之後的臺灣政界，也因為與我有這一層特別的情感與關係，在爾後我的工作與生活上，亦都有如兄長般的關注我和愛護我。

也因為我的助選工作，讓我對於國民黨內的政治生態會有進一步的體驗與了解。解嚴之後，國民黨除了要面對自己政黨結構的轉型為內造政黨之外，更必須面對來自剛從「黨外」成立民進黨的政黨競爭。特別是在競選活動與結果，更是攸關政治權力板塊的移動。

面對國內這樣一個政黨與政治巨變的新環境，1988年9月5日，我整理了一篇〈如何凝聚組織力量贏得未來輔選的勝利〉，提到民主政治是透過選舉來檢驗實力，取得優勝繼續執政，如何凝聚組織力量，從外在環境與內在因素兩大方面。所謂外在環境，就是要我們正視近年來臺灣地區選民的行為與政策發展，依個人研究觀察的心得，可歸納成下列幾點：中產階級的興起、政策取向替代政黨取向、社會關係日趨和諧、環境保護、消費者運動的抬頭、選民結構的改變。

內在因素乃是針對本黨自身而言，我們把它分為持續性和階段性的黨務經營。持續性的黨務經營是平時工作；而階段性的黨務經營是輔選動員。持續性（平時）的黨務經營，包括：黨角色定位、調適黨員關係、熱絡組織活動。階段性（輔選）的黨務經營，包括：以科學研究的方法來規劃輔選策略、以民主活動的方式來辦理選務工作、以民意測驗的結果來了解選民行為、以企業經營的理念來貫徹組織動員。

輔選動員的最後目的是要使選民在投票時支持黨提名的候選人；而企業經營理念中的講究行銷，也就是要讓顧客購買公司的產品。在行銷學上非常重視分析顧客行為的六個「O」和行銷組合中的四個「P」。所謂「六O」指的顧客是佔有者（Occupants），顧客買的物品（Objects），顧客動機的目標（Objectives），誰參與了購買作業的組織（Organization），顧客買的時機（Occasions），顧客購買的作業（Operation）。

　　「四P」指的是產品（Product）、通路（Place）、價格（Price）及推廣（Promotion），我們先考慮顧客分析中的「六O」，然後再制定行銷組合中的「四P」，最後達到公司行銷的目標。我們要在貫徹輔選動員工作上，如何活用企業經營的理念，例如對選什麼樣的人？為何要選這樣的人？由誰決定選誰？可否區隔？有無尚未滿足不投票的需求等因素做分析來達成催票到甄，以贏得輔選的勝利。

　　美國管理學大師彼得‧杜拉克（Peter F. Drucker）在其《管理學導論》（*An Introductory View of Management*）上說：「改革就是企業」。我想這雖然是針對企業的革新或創新而言，但是仍然適用於一個正在轉型的內造政黨，其在選舉過程中的有效運用。

　　1987年7月，國民黨主席蔣經國派李煥先生接任黨的秘書長；11月，蔣經國主席又派關中先生接任組織工作會主任，形成主席蔣經國、秘書長李煥、組工會主任關中，他們

三人連成一條鞭的黨組織領導模式,來積極推動黨務革新的工作。

遺憾的是,1988年1月13日,蔣經國主席不幸突然過世,黨務革新的工作就落在那年的7月,當李登輝先生在驚濤駭浪的國民黨第十三屆全國代表大會中當選黨主席。黨務革新工作就改由主席李登輝、秘書長李煥、組織工作會主任關中等三人的肩負這份承先啟後的工作。這其中又要以關中主任扮演最重要的角色。

關中先生,字一中,安東省鳳城縣人,民國29年生於天津市。1991年5月,他在其大作《今天不做明天後悔——關中談國民黨黨務革新》一書的〈作者序〉中指出:

> 一中從事黨務工作近十三年,一直致力於黨務革新工作,在政策會期間,為了「黨務革新」的研議特別成立一個單位;在臺北市黨部、臺灣省黨部工作期間,所有規劃作為也以追求「黨務革新」為職志;在組工會服務期間,更把工作重點放在這裡,為此黨中央還成立了專案小組。但直到民國七十九年六月三十一日一中離開中央黨部,卻仍未能完全做好,個中體會實覺遺憾與慚愧。

關中先生繼續寫到:

一中從事黨務工作生涯,心中時時不能忘記黨務革新。常深夜捫心自問:「面對環境快速變遷,如果中國國民黨再不體認改變黨體質的迫切性,並透過高層人士共識的達成而大力推動;難道,非要等到輸掉政權後,再從頭來過嗎?我們的黨不能再用任何藉口來解釋因循苟且的心態,來拖延黨務的革新;否則,最後輸掉的不僅是中國國民黨,也是中國的前途。」

檢視組織工作會主任一職,關中先生任是從 1987 年 11 月起,至 1989 年 12 月,是因為那年底輔選縣市長選舉,其結果不甚理想的辭去組工會主任,但李登輝主席仍留任他擔任中央黨部副秘書長,直到 1990 年 6 月 31 日的改派中國廣播公司董事長。

關中先生任組工會主任期間,我已早他在組織工作會服務,並在大學兼課,講授「管理學」方面的課程,偶爾也會在報刊雜誌上發表文章。我有幸在這國家與黨發展的關鍵時刻,成為他領導組織工作會期間的部屬,讓我有機會跟隨著他一起參與黨務革新的工作。如果我有許多新的觀念和做法,我都應該感激的受惠於關主任的指導。

1988 年 10 月 1 日,我整理了一篇〈黨的革新與現代化〉,其中諸多觀點與文字,都受之於到關先生是年 4 月 2 日,在組訓工作研討會講稿的啟發與影響。我有幸在組工會

服務期間,成為關中主任的部屬,讓我得有機會參與黨務革新的工作,這是我在這裡特別要再度提出來感謝關中主任的。

2022年,是中華民國建國111年,是國民黨建黨128年,是民進黨建黨36年。10月10日,是中華民國國慶紀念日,執政的民進黨主席蔡英文,也是當時的中華民國總統,亦如往年以來國家元首的在國慶大會上發表了〈國慶談話〉。時蔡英文總統兼民進黨主席的執政,讓人極易聯想起當年李登輝總統的擔任國民黨主席兼中華民國總統的歷史情景。

1988年7月,國民黨在第十三次全國代表大會選舉李登輝為黨主席,在黨內權力重新分配的中央委員選舉過程與結果,黨務系統的秘書長李煥、副秘書長宋楚瑜贏得全面優勢,其聲勢足以對當時擔任行政院長俞國華的行政系統造成很大壓力。

李登輝主席以明年(1989)即將到來的七項選舉為由,續留秘書長李煥、副秘書長宋楚瑜,和組工會主任關中。而這時候擔負黨務革新,尤其是在組織輔選與動員工作方面,更是關中主任首當其衝的擔負起這項艱鉅任務。

檢視有關國民黨建黨九十四周年紀念的資料。1988年10月15日,我寫了〈黨慶規劃與組織發展〉。1988年10月21日,我寫了〈十一月二十一日動員月會(參考資料)〉。1988年11月23日,我寫了〈慶祝建黨九十四周年

暨績優義務幹部表揚大會〉。上述這三篇文字當有助於了解中華民國在解嚴之後，初期展開的國民黨與民進黨的政黨競爭，和作為佐證臺灣政治民主化的歷史文獻了。

1988年1月13日，身兼國民黨主席的蔣經國總統病逝，副總統李登輝宣誓就任總統。27日，國民黨中常會通過李登輝代理黨主席。5月20日，農民發動解嚴之後的第一次請願遊行，爆發流血衝突。7月8日，國民黨十三全大會選舉李登輝為黨主席。11月12日，黃信介接任民進黨主席。

1989年1月20日，《人民團體組織法》的通過，為民進黨取得合法地位。27日，「第一屆資深中央民意代表退職條例」的通過，為國會改革跨出一大步。5月，俞國華內閣總辭，李登輝提名李煥繼任行政院長，宋楚瑜接李煥留下黨秘書長的重要一職。7月1日，政府開始實施農民健保制度。11月22日，國民黨中常會通過參謀總長郝柏村出任國防部長。25日，陳燊齡接參謀總長、蔣仲苓接參軍長。

上述，是為1989年年底選舉之前的重要政事，也是李登輝在接任總統和黨主席之後的重要人事布局。國民黨與民主黨都開始積極為自己政黨1989年12月2日的選舉，展開輔選布局。而國民黨在提名作業和輔選與動員的工作亦如火如荼的展開。

為因應1989年年底的選舉，我於1988年12月24日整理了一篇〈如何配合地方黨部共同加強工作責任區的經

營）；同時，為因應該年底的選舉，我於 1988 年 12 月 31 日整理了一篇〈組織與動員〉。

我整理的這兩篇有關因應 1989 年 12 月選舉的組織與動員工作，如果從 1989 年 1 月民進黨的正式合法化，和「第一屆資深中央民意代表退職條例」的通過，以及 5 月李煥繼任行政院長，關中的擔任組織工作會主任等因素的角度來觀察，似乎隱約可預見李登輝主席，在完成蔣經國所推動的國民黨內部結構的本土化政策之後，繼續執行要達成中華民國政府內部結構本土化與民主化的構想也已經逐步在落實。

黨員初選是民主化要走的路

1988 年 1 月 13 日，李登輝繼任中華民國總統，7 月正式被推舉為國民黨主席。緊接來的是國民黨要面對 1989 年 12 月的縣市長和立委的選舉，和檢驗黨務革新工作的成效如何？

擔負這次選舉重任的中央組織工作會關中主任，勇於創新的提出辦理「黨員初選」的方案，何況民進黨已實施黨員初選的制度。關中主任針對他為什麼要辦理「黨員初選」的制度，他在《民主不能怕麻煩──關中談國民黨黨員初選》的〈代序〉中指出：

> 本黨體質必須要調整與強化。談到體質，我要向各

位報告本黨體質的現狀,就選舉而言,其一是黨員動員績效日益減弱,工作責任區經營效果直線下降;其二是本黨絕大多數參選同志對內依賴性太強,對外毫無鬥志。這種情況是由於過去本黨長期居於支配性角色所造成,對參選人來說是人之常情,有黨的票源和輔選,為什麼自己要多費力氣。這種情況也不是靠曉以大義,動之情感能予改變的,只有建立一種經由自己努力的參與制度才能阻止或減少這種惡性循環!面對今日競爭的時代,本黨也由支配性政黨轉變為競爭性政黨,我希望本黨是一個民主化政黨,是一個群眾的黨,是一個制度化的黨,事實上,也必須要成為一個內造的政黨。

「黨員初選」方案,終於在 1989 年 4 月 1 日的臨時中常會中通過。根據規劃時程是在 5 月底進行登記,6 月中辦理競選活動,7 月中完成投票,這是黨務革新中帶動國家政治走向民主化的一項制度性創舉。我在 1989 年 8 月 8 日,將國民黨與民進黨的初選情形,整理了一篇〈兩黨辦理初選之比較分析〉。

回溯 30 多年前的「黨員初選」制度,以臺灣政治民主化的角度而論,或許會認為尊重黨員的意願和權利,那是理所當然的事。可是如果我們回到當年的時空環境,特別是剛解嚴不久,就國民黨內部權力結構而言,保守勢力還是掌控

權力,儘管組工會關中主任提及黨務革新是蔣經國主席生前念茲在茲的,若不是因為他的歷史感和勇氣,國民黨「黨員初選」制度的結局仍難有進展。

1989 年初,是國民黨開始展開提名與輔選動員的工作,擔任主辦單位的組織工作會,和承辦業務的幕僚人員,理所當然的忙碌起來。那年 1 月 21 日,我撰了一篇〈提振黨德強化黨紀〉的參考資料。

1989 年 3 月 31 日,《中央日報》刊登載的這篇〈唯有現代化政黨,才有現代化國家〉,係受該報之邀,根據上述會議之後所整理出來的文稿。

上述〈兩黨辦理初選之比較分析〉、〈提振黨德強化黨紀〉與〈唯有現代化政黨,才有現代化國家〉的這三篇稿子,都是於 1989 年 3 月間所書寫的資料,我特地把它收錄整理下來,作為自己在這段時間的工作紀錄。

政黨競爭與落實民主政治

1989 年,國民黨為達成該年底輔選的政治任務,遂於 5 月進行籌備和 6 月的召開「第十三屆二中全會」,期以匯集全黨的群策群力,從而建立共識,來順利達成目標。這裡,我收錄了那年幕僚人員所完成作業的經過情形,並藉由 7 月《理論與政策》特予轉載〈「革新黨務,為國舉才,落實輔選動員,達成政治任務」案之制定過程、立案精神及內容要

點說明〉一文。

同年 11 月 24 日，為慶祝「本黨九十五周年黨慶」，受命為長官準備了講話的參考資料。1989 年 12 月 2 日，選舉結果在縣市長選舉方面，國民黨守住十四個縣市，民進黨攻下六個縣，無黨籍取得一個市。整體而言，國民黨算是敗選，致使地方政治的版圖重新做了調整。之後，我整理一份〈七十八年中央及地方公職人員選舉檢討〉報告。

就我個人對這次選舉之後的對臺灣政局來論，我認為如果說 1988 年 7 月國民黨第十三次全代會中央委員選舉後的權力結構，本省籍地方政治人士大量地進入中央權力核心，是代表著蔣經國推動國民黨本土化的完成。而這次選舉是民進黨首次的與國民黨展開政黨競爭，其在縣市長人數的當選占有了相當比率，是代表著中華民國的逐漸本土化跡象已浮現。

李登輝主政權力的建構

1988 年 7 月，國民黨第十三全代會在完成黨的結構本土化之後，組工會主任關中因為辦理有功，受李登輝主席拔擢升任中央黨部副秘書長，仍兼組工會主任。根據關中口述、張景為著《明天會更好——關中傳奇》指出：

不少人認為十三全後，李登輝大量引進本土地方勢

力和他的人,來沖淡國民黨原本以外省人為主的黨政結構,而關中恰好也在那時成了此一路線的執行者,「對,沒有錯,但十三全在蔣經國過世前,除了黨的號召和政策之外,定位就是黨的革新與改造大會,這點經國先生和我已有共識,所以我就照這方向去規劃,李登輝接任主席後,我就把整個方案給他看,一個是黨的政策和結構革新,另一個是中央委員的新人事布局。」關中說,除了國民黨中央的黨政首長,又加了四種人:地方人士、民意代表、技術官僚、社會菁英,名單都有了,作業也很仔細,如此這樣更本土化了,也符合李登輝的想法,而且很多都是他的人,「所以十三全會他對我是很滿意的。」

上述這段長官受到肯定的話,亦讓我感受到與有榮焉。但是,隔年 12 月的選舉一仗,卻讓關中主任必須為輔選失利的擔負起責任來。李登輝主席除了慰勉宋楚瑜留任秘書長,關中留任副秘書長,但關中被免去兼組工會主任一職。關中離開組工會主任的人事調整,亦使其原建立的輔選團隊中,從副主任、三位總幹事和部分幕僚人員也紛紛跟著離開工作崗位,而其等新工作的安排,關中副秘書長也都從中的協助促成。

這次國民黨的人事震盪,也讓關中主任充滿熱誠的致力

於推動黨務革新的工作受的影響,難免感到遺憾的是未能為國民黨的長期發展創造更好根基。在黨主席李登輝和黨秘書長宋楚瑜的主導之下,組工會新的重要人事安排,主任由國貿局長蕭萬長接任,副主任由雲林縣長許文志出任。

猶記得蕭萬長到任組工會主任第一天,他接受臺視公司節目專訪,辦公室的秘書轉知要我簡要的準備參考資料。可惜太匆忙了,我未能留下當年的底稿。現在保存在我書架上的是一本他與馬英九搭配競選總統、副總統時,2007 年 12 月《商周》出版《治國:臺灣贏的新策略/馬英九、蕭萬長對談》,和 2008 年 2 月《天下文化》雜誌為他出版《專業治國:為下一代打造臺灣的太平盛世》。

蕭萬長先生在《治國:臺灣贏的新策略/馬英九、蕭萬長對談》中談到:

> 我在民國七十一年被任命為國貿局長。經國先生相當重視臺灣的國際貿易問題,所以當時國貿局人選必須由他拍板定案。雖然早已從行政院方面得知我被內定為局長人選,但是當經國先生親自接見我,要我接任此一職務時,還是相當意外,甚至向他報告說,以往國貿局長職務都是由德高望重且資深的官員出任,自己還太年輕,必須再多多學習,恐怕難以擔負這個重責大任。經國先生很奇怪為何我會講這些話?他問了我的家庭狀況後,就堅定地叫我

不要害怕，未來如果有什麼重大事情，他會給我一年至少有一次可以向他直接報告的機會，他會幫我解決問題。

蕭萬長主任與許文志副主任，他們同時都具備了專業技術官僚和臺灣地方菁英的優異條件，極符合當年李登輝主席和宋楚瑜秘書長所要拔擢的適任人選。對我的感受而言，比較可惜的是，我沒有較長久的時間跟隨他們做事和學習。因為，在共事的極短時間裡，蕭萬長主任調升經濟部長，許文志副主任調升臺灣省政府建設廳長。

我更永遠記得許文志副主任在臨行赴省府就任新職前的問起我，願不願意隨他到建設廳服務，或是到他創辦的環球科技大學專任教職，當時我因顧慮個人和家庭的因素而婉拒，現在回想起來真是辜負了他的一番盛情厚意。

1988年7月，李登輝為黨主席之後，他擁有體制與權力上的正當性、合理性，整個黨、政府都往李登輝身上聚攏，加上他的本省籍背景，在民間又有高的聲望，臺灣的一般老百姓也很接受他的政治魅力。

1989年12月，增額立委、省市議員和縣市長的選舉結果，除了縣市長部分民進黨攻下6席有斬獲的瓜分地方政治板塊之外，在增額立委部分：國民黨72席，民進黨21席，無黨籍 8 席。還有在省議員、臺北市議員，高雄市議員部分，民進黨和無黨籍人士的席次也有大幅度成長。

在野黨勢力在地方的崛起,更讓李登輝總統兼國民黨主席有揮灑空間。1990年2月,國民黨召開臨時中全會,李登輝提名李元簇為副總統,引發了主流與非主流的政爭。非主流在國民大會推出林洋港與蔣緯國組合的選戰,後經過蔡鴻文等「八大老」出面斡旋的產生效果,「林、蔣配」的策略,最後遭致勸退。3月,李登輝與李元簇在國民大會已近九成選票當選第八任總統、副總統。

這期間,李登輝善用了民意代表的地方聲音,和全國大專學生發起的「野百合花學運」。李登輝更在520就職演說中鄭重宣告,將在最短期間內宣布終止動員戡亂時期,並且經由法定程序推動憲政體制的改革,在大陸政策上,他希望以對等地位建立溝通管道,全面開放文化、經濟,和科技的交流,進而研討國家的統一。

6月,在內閣的人事安排,李登輝毅然決定由郝柏村來取代李煥院長,這有多重人事運用的意涵,顯示李登輝在去年(1989)6月,以請李煥組閣的拿掉李煥秘書長的黨權,和順勢升任宋楚瑜為黨的秘書長之後,這次則以讓郝柏村組閣方式再拿掉李煥的行政院長,和郝柏村的願意交出軍權。這招靈活策略的成功運用,讓李登輝的黨政軍權力再攀高峰。

回顧來檢視:1977年,發生的「中壢事件」,導致時任中央組織工作會主任李煥的下臺,後續繼任的有王任遠(代表司法)、梁孝煌(代表軍方)、宋時選(代表救國

團)、潘振球(代表教育),到關中(代表學術)的離開。在這每一階段的人事安排,凸顯了當年黨主席蔣經國的用人與權力平衡考量,以及展現他特別重視黨的組織動與提名輔選力量的階段。

之後,李登輝主席和宋楚瑜秘書長在中央組織工作會主任的人事安排上,從繼任人選和任期時間來觀察:1989 年 12 月至 1990 年 5 月是蕭萬長;1990 年 5 月至 1992 年 2 月是陳金讓;1992 年 2 月至 1993 年 9 月是王述親,已難見再有如蔣經國重視黨組織時代的優勢了。

特別是到了 1992 年初,在推動黨務革新這部分,為因應國內政治生態環境的變化,透過改組擴張中央政策會的組織編制,已經成為刻不容緩的工作了。我也就在這時間從中央組織工作奉調中央政策會新成立的政黨工作會。

為因應國內民意高漲和政黨競爭趨勢的形成,國民黨根據 1988 年 7 月十三全會「現階段黨務革新綱領」的要求,未來中央委員會工作應以政策釐訂,組織發展與選舉動員為主。中央黨部的組織結構在常設機構之外,應依功能需要分別設置任務編組,主要包括政策協調、組織動員及行政管理等部門,政策協調部門包括若干單位,分掌政策研究、國會協調溝通、國內外政黨聯繫等有關工作。

1990 年 5 月 20 日,李登輝總統於第八任總統宣誓就職典禮致詞中指出:

> 與革新憲政體制同樣重要的，是政黨政治的確立，唯有經由政黨的公平競爭，國是訴諸全民，才是貫徹民主憲政的最佳途徑。我們一切的努力，在建立制度，培養健全的法治觀念，使一切政治活動，在制度的架構中進行，在法律的規範下運作。但是任何負責的政治主張，必須以認同中華民國為前提，以全體人民的福祉為依歸。

檢視國民黨中央政策委員會自 1960 年專設秘書長，歷任秘書長谷鳳翔、張寶樹、王任遠；1972 年 6 月，中央委員會改制後由趙自齊出任秘書長；1988 年 7 月，梁肅戎接任；1989 年 3 月，政策會改制由林棟擔任主任委員，這階段曾負責政黨聯繫業務的歷任副秘書長中，主要有郭哲、蕭天讚、許勝發、洪玉欽等。

洪玉欽先生是從 1980 年當選立法院第一屆增額委員；在歷任各項重要黨職之後，1988 年 8 月升任中央政策會副秘書長，接替許勝發的專責朝野溝通的職務。其中令人印象最深刻的是，1991 年民進黨五全大會中不顧執政黨當局警告，修正通過了「臺獨條款」，引發國民黨內的同仇敵愾。

10 月 20 日《自立晚報》報導：

> 由於當時負有朝野協商重責，當洪玉欽在中常會上針對民進黨「臺獨黨綱背景分析與協調過程」提出

報告文中，肯定美麗島系維護政局穩定之用心，建議以溫和方式處理，避免刺激政局兩極化的和緩論調，招來多位中常委的嚴厲批判。尤其許歷農指責美麗島系，新潮流系互為表裏，協商代表判斷有誤；蘇南成直陳「部分同志利用協商機會，牟取個人政治利益」等說詞，更因部分人士在會後的傳述，再生波瀾。事後，國民黨中央委員會秘書長宋楚瑜在會議上，當面慰勉洪玉欽，表示肯定，為此事劃下句點；但風波過程中卻也凸顯出朝野溝通的定位與效力，協商代表角色難為等問題。

洪玉欽副秘書長自擔任溝通代表以來，肩負 1989 年 1 月《集會遊行法》、《人民團體組織法》，還有《選舉罷免法》等三大法案的如期通過。還有每每在重大群眾運動如「四一七行動」、「公民投票九八大遊行」、「一〇〇行動聯盟反閱兵」中，扮演溝通的重要角色。但他認為自己只是「穿針引線者」，工作重點在「協調聯繫，傳達信息」，而不是最後的決策者。

1992 年 2 月，由李登輝主席、宋楚瑜秘書長主導的中央政策委員會改制，先是派任徐立德擔任執行秘書，並成立了政黨關係工作會、立法院黨政協調工作會、國民大會黨政協調工作會、政策研究工作會。

這年新成立的政黨關係工作會，由具現任立委身分的洪

玉欽擔任主任,副主任張平沼、吳德美、林志嘉、鄭光博、陳鴻基、洪濬哲等現任立委或國大擔任。1993年8月,政策會升格由饒穎奇出任執行長,洪玉欽調任立法院黨政協調工作會主任,政黨工作會主任由黃正一立委接任之後,再由鄭逢時接任。1999年,洪玉欽升任執行長。

從這些中央政策委員會各單位的主管,和他們身兼立法院立委或國大代表的名單裡,我見證了李登輝在完成國民黨本土化之後,繼續所推動他的中華民國本土化亦已逐漸浮現。

修憲國代與國會全面改選

1991年,這年重要也受矚目的有兩件大事:第一件,是選出第二屆國代,又稱「修憲國代」於4月22日完成第一階段修憲任務,於國民大會第二次臨時會通過中華民國憲法增修條文十條,並廢止「動員戡亂時期臨時條款」,宣告於5月1日零時終止。第二件,依據已經通過的「第一屆資深中央民代退職條例」,資深中央民代於12月16日全數退職。

1992年,這年除了5月15日立法院通過刑法一百條修正案,刪去該條文中「意圖」的有關「預備或陰謀」內亂罪的規定,排除思想叛亂入罪的重要法案之外。重要也受矚目的兩件大事:

第一件,是第二屆國代第一次臨時會通過八條增修條文,包括修改總統任期為一任四年,連選得連任一次,也確立了省長和直轄市長民選制度的完成第二階段修憲任務。李登輝《為主作見證:李登輝的信仰告白》指出:

> 一九九二年三月間,第二屆國民大會臨時會召開前夕,我以國民黨主席身分指示,在黨內組成「修憲策劃小組」,由副總統李元簇出任總召集人,研議新的總統選舉辦法。名列國民黨不分區國大代表,第一名的行政院副院長施啟揚,以及第二名的陸委會副主委馬英九,分別出任研究分組的正、副召集人。施啟揚與馬英九提出「總統委任直選制」,也就是人民先投票,選出某一個政黨的國代,國代再投票,選出同一黨籍的總統,以沒有國代代表個人意志的選制,作為規劃方向。一九九二年三月九日,國民黨臨時中常會,針對「委任直選」以及「公民直選」進行討論,卻未能取得共識。我裁示,同時以「委任直選總統」及「公民直選總統」兩方案並陳方式,送交三中全會討論。……第一階段修憲案提交國民大會後,終在五月二十七日完成三讀,回歸憲法「正副總統連任一次」的規定,終結了總統無限制連任的畸形現象。

該書中又指出：

> 總統選舉方式就應採直選或委任選舉，在國民黨內引發出所謂的「主流派」與「非主流派」兩大流派的角力鬥爭，此為臺灣民主化關鍵的大事，實與國民黨的法統要不要改革息息相關。

第二件，是 12 月 19 日第二屆立法委員選舉，是首次所謂「國會議員」全面的改選，其結果，在 161 席次中，國民黨 95 席，民進黨 51 席，中華社會民主黨 1 席，無黨籍人士 8 席。

我特別要提這次立委選舉有兩個原因，第一個原因是選舉結果為什麼列無黨籍人士有 8 席，主要因為當中有七位當選人是「新國民黨連線」成員。根據關中口述《明天會更好──關中傳奇》的書中指出：

> 新國民黨連線是國民黨內的非主流問政團體，一九八九年八月形成於立法院，一九九〇年正式成立，由趙少康、郁慕明、李勝峰等黨內的青壯派立委組成，主張「黨務民主化」；隨著二月政爭逐漸白熱化，主流非主流之爭吹響國民黨分裂的號角，在立法院則形成「新國民黨連線」與「集思會」的代理人戰爭。新國民黨連線成員本省外省各半，……在

政治路線上強力批判李登輝；集思會則清一色本省籍，成員包括黃主文、陳哲男、吳梓、饒穎奇、紀政等，扮演挺李急先鋒角色。

1992年12月19日，第二屆立法委員選舉日期，已是在當年2月成立中央政策會政黨關係工作之後的10個月了。所以，就我個人工作的立場和臺南是我老家的地緣關係，我返鄉協助主任洪玉欽立委的競選連任臺南選區立法委員，成為是理所當然、義不容辭的事了。

1992年2月，中央政黨關係工作成立之後，主要政黨協商的工作譬如：3月，第二屆國民大會第一次臨時會開會，執政黨成立溝通協商小組，由政黨關係工作會主任洪玉欽擔任召集人，負責協商民進黨、無黨籍國大代表意見，執政黨國民大會黨政協調工作會亦配合溝通，以減緩會期中之議事阻力，並爭取支持執政黨議案。此一專案小組，在國民大會第二次、第三次臨時會召開期間，均曾組合運作，發揮政黨協商的效果。

當時有「溝通大臣」之稱的政黨關係工作會主任洪玉欽立委認為，他的工作重點在「協調聯繫，傳達信息」，而不是最後的決策者。基於這種認知，使得他能明確掌握分寸，留下轉圜空間，將決策權歸於上級，而獲得充分信任。

1993年2月，立法院新會期開議的正、副院長選舉，之所以會出現委員高育仁、關中與劉松藩、王金平的「高關

配」與「劉王配」的正、副院長的競選態勢，除了是多位省議員的轉戰立委成功地進入立法院，形成一股新勢力之外，主要是涉及郝柏村內閣的保衛戰。

「高關配」主因是高育仁以曾任省議會議長的姿態，認為其可以號召省議員出身的立委，再加上當時郝柏村院長的支持，尤其當時正是氣勢如虹的新國民黨連線立委也表明支持關中的情勢下，「高關配」有信心可以勝過黨主席李登輝、黨秘書長宋楚瑜支持的「劉王配」。

立法院正、副院長選舉的這一戰結果，「高關配」敗陣下來也導致行政院郝柏村院長的請辭，行政院長改由連戰出任，宋楚瑜由黨秘書長轉任臺灣省主席，黨秘書長一職由許水德接任。8月10日，新國民黨連線宣布退出國民黨另成立新黨，立法院政黨競爭的策略運用也出現多樣化，凸顯了金權政治結構性的複雜現象。

高育仁立委雖在角逐院長寶座失利，但由他擔任會長主導「民意會」的次級團體，仍積極在立院運作。由於成員大部分來自曾任省縣市議員的立委為主，政治色彩相當本土化，諸如臺南縣高育仁、臺北縣鄭逢時（副會長）、彰化縣施性榮、高雄縣林源山、臺南市施台生、雲林縣林明義。屏東縣郭廷才、桃園縣朱鳳芝、臺北縣韓國瑜、臺北縣詹裕仁、嘉義縣翁重鈞、高雄市吳德美等等。

吳行健《風雲人物鄭逢時》的書中指出：

第二屆立法院第一會期,堪稱是各立山頭、互顯神通的亂集團時代,朝野黨派立委紛紛成立次級問政團體,集結政經資源,厚植在立法院的問政實力。在國民黨方面,即組成「民意會」、「新政會」、「玉山會」、「政策研究會」、「協和問政」等團體,國民黨立委或是跨次團運作,或憑恃次團體隱然有與黨中央互別苗頭之態勢,政治動作令人眼花撩亂,國會記者寫特稿描述這種次團體百花齊放的現象,常引用「戰國時期、群雄並起」八個字,正足以說明新國會複雜生態之一斑。

8月18日,國民黨召開第十四全大會,李登輝連任黨主席,在權力與安撫的兩相權衡下,通過李元簇、郝柏村、林洋港、連戰四人為黨的副主席。政黨工作大會在這次大會中只是協辦單位,我雖名擔任輿情組秘書,但已不似十三全大會在主辦單位組織工作會參與的介入程度了。

1993年,留給我印象較深的還有本單位政黨工作會的歲末餐會,往年秘書長是很少來會來參加各單位自行舉行的活動。這一年或許是許水德先生任中央黨部秘書長,亦是鄭逢時先生任政黨工作會主任的第一個年終,我們的餐會就在貴賓許秘書長,和主人鄭主任的愉快氣氛中渡過。

1993年,國民黨舉行的十四全會,修改黨章,將黨的屬性由革命民主政黨改為民主政黨。當時黨的秘書長許水德

在大會的〈黨務報告〉指出：

> 政黨政治乃政治民主化的必然趨勢；解嚴後，國內政治日趨多元化，目前內政部登記有案之合法政黨，已多達七十三個，政黨競爭日益激烈。因此，如何加強政黨間之溝通、協調，促進彼此間之良性競爭，實乃本黨落實民主政治時所必須面對之課題。……因此，為落實民主憲政，發展政黨政治，本黨不但要有政黨競爭的雅量與準備，更要精進溝通、協調的方法。本黨特別成立政黨關係工作會，並強化中央政策委員會組織及功能，其主要目的即在於此。

許秘書長在報告中，又特別提到：

> 本黨近年來更以民主政黨身分，積極參與各種國際政黨活動，並正式加入「太平洋民主聯盟」；及由世界各民主政黨所組成的「國際民主聯盟」。顯示本黨已成為世界主要民主政黨之一，並廣受各民主國家政黨的認同與肯定。

國民黨十四全會之後，李登輝總統咨請第二屆國民代表大會召開為期兩個月的第三次修憲大會。1994 年 7 月 29

日,第二屆國代第四次臨時大會三讀通過把前二次修憲的共十八條的增修條文整理修正為十條,其中最重要的變革,是確定了第九任總統由公民直選制度,採相對多數決方式,縮小行政院長副署權,以及增設國大議長、副議長、定期集會的修憲案。

立法院亦於該年通過「省縣自治法」,將憲法上的地方自治層級由「省」、「縣」二級,改為「省(直轄市)」、「縣(縣轄市)」、「鄉(鄉、鎮、市)」三級制,立法創設了我國第三級的地方政府。

《省縣自治法》的開始實施,國內各政黨首先必須面對的是12月3日,即將行憲以來第一次省長與直轄市長選舉。這次的選舉結果,代表國民黨的宋楚瑜當選臺灣省長、吳敦義當選高雄市長,臺北市長則是由代表民進黨的陳水扁獲勝。證實國民黨在臺灣地方政治板塊的鬆動,和面對政黨競爭越來越激烈的壓力,所幸臺灣省長的這一重要席次由宋楚瑜保住下來。

《李登輝執政告白實錄》提到:

> 九四年底省長民選時,宋楚瑜到了臺北縣大票倉,他首先提出「新臺灣人」的口號替宋站臺拉票,馬英九還是之後的事。甚至更早,宋楚瑜九三年由黨秘書長前往擔任省主席時,才剛上任他就已經親口交代宋楚瑜要好好經營,勤跑地方,將來要準備選

省長,這些宋楚瑜應該記憶猶新才對。

1994 年 12 月 3 日,省長、北高兩市長的選舉之後,面對政黨競爭越來越激烈的政黨政治環境,國民黨當時負責政黨關係的工作會主任鄭逢時立委,於 12 月 23 日在《自立晚報》發表了一篇〈現階段政黨政治〉指出:

> 自民國八十年國民大會代表選舉開始,臺灣政治生態立即進入嶄新情況,蓬勃社會力不僅改造政治結構,並在粗曠競逐中,帶動權力變化,只因民主社會以選舉定勝負、工商社會以資本做後援,故而在寧靜革命中,金權政治出現階段榮面;唯又因選民愈益重視自身權利、選票資源愈被運用,因此,公開化、法制化及民眾本位之政策取向,便成為政黨求生不二法門,對良性政黨政治之促成,應有積極意義。

鄭逢時主任在《自立晚報》發表的這篇文字,除了顯示選舉過程與結果的代表臺灣走向政黨政治的民主化之外,亦在凸顯國民黨屬性的從革命民主政黨轉型為民主政黨,強調的是民主政治的政黨溝通,以及國際政黨交流與國會外交,遂成為政黨工作會的主要工作項目。

同時,平常與新聞媒體的保持聯繫亦不可偏廢。尤其在

那段時間《自立晚報》有多位與我同是來自臺南的朋友，我們常在臺南旅北同鄉會的餐會中見面，保持很好的關係，對我的工作協助良多。

李登輝總統訪美與宣布參選

1995年1月30日，中共總書記江澤民發表對臺政策「江八點」的談話；4月8日，李登輝總統兼國民黨主席在國統會全體委員會上，發表了所謂「李六條」的回應「江八點」。雙方都可以接受，而且最有共識的部分就是對「中華文化」的充分肯定。

這個月，李登輝出版《經營大臺灣：李登輝總統談市政經營、省政經營與國家經營》，並提出「經營大臺灣，建立新中原」的主張：

> 在多元文化長期而充分的輻輳整合下，使臺灣在整個中國文明的總體發展趨勢中，躍居為最先進的新生力量，成為中國文化的「新中原」。今天，正是我們走出歷史悲情，攜手同心，徹底融合族群，凝聚全民共識，為「經營大臺灣，建立新中原」而開啟新機運的空前良機。這裡所謂的「新中原」，是指多元文化重新融合，綻放新文明之地。其中，和政治攸關的，應屬民主文化。這是居住在臺灣的全

體人民,以「我們都是臺灣人」的認同為基礎,共同參與、營造出來的成果。

6月7日,李登輝總統以私人身分訪問美國,並在其母校康乃爾大學發表〈民之所欲,長在我心〉的講演,這是中華民國建國以來第一位訪問美國的國家元首,終致引發中國大陸的不滿。16日,中國海協會宣布第二次「辜汪會談」延期,以抗議美國政府同意李登輝的訪美,認為李登輝是在美國的撐腰下搞臺獨。7月18日,中共宣布在臺海試射飛彈。

8月23日,國民黨召開十四全二次會議,李登輝正式宣布參選第九任總統,也是首任的直接民選,並提名連戰為副總統候選人。這總統直選的選舉日是訂於1996年的3月舉行,而在1995年12月2日則還有一場國會議員,尤其是立法委員的選舉,這將會直接衝擊隔年的總統大選。

1994年12月20日,我寫了〈黨務的革新做法及其贏的策略〉,文中特別指出,黨務革新要:以社團化來活絡組織、以活動化來擴大參與、以制度化來建立共識、以民主化來改變體質、以企業化來增加效率。贏的策略要:揭櫫黨的堅定國家統一的立場、塑造黨的革新進步新形象、採用最適宜的選舉方式、改進黨的提名制度、提升公共政策品質、加強文宣工作。黨要與社會脈動相結合,探索民意之所在,我們要「時時為民眾著想,處處為民眾打算」,要與民眾建立

「深厚誠摯的情感」，我們更要重視「民間的力量」，要永遠和民眾結合在一起，才能累積我們的社會資源，在未來的選戰中獲得勝利。

如今，審視上述的這篇稿子，就當是我自己 28 年前，在那階段時間裡投入工作與關心選舉的情境分析，和見證中華民國本土化過程的一段書寫吧！

1995 年 6 月，李登輝總統的回其母校康乃爾大學，在歐林講座的專題演講〈民之所欲，長在我心〉一文，是為大家研究李登輝總統思想與治國理念的一份重要文件。從國民黨李登輝主席的角度而言，在同大約時間的 1994 年 12 月 30 日，李登輝主席在中央黨部年終工作檢討會講話，嗣後由中央文化工作會恭印〈挑戰與重生——中國國民黨在臺灣的奮鬥志業〉，我認為是研究國民黨與政府在推動政治民主化過程中非常值得參考的一篇講稿。

李登輝主席在中央黨部的這份年終檢討會講話，因為文長，我謹就其內容特別顯示的要點記述：

> 本黨的努力在政治民主化的改革和建設上，也獲得很大突破。尤其通過總統、副總統由人民直接選舉的制度，落實了「主權在民」的理念。完成省市長選舉，提升了地方自治，也建立了民主政治的新典範。以下分成十個方面來說明。
>
> 壹、世界的潮流：我們可以說：後冷戰時期的國際

新格局,就是以各國民主改革為主要動力的國際新秩序重建過程。除了這個民主潮流之外,國際新秩序仍有另外兩個特點:其一是以和平對話為解決爭端的主要方式。其二是以經貿合作為國際互動的主要內容。這也正是中華民國解開自己的枷鎖(漢賊不兩立的框框),並提升國際地位絕好的機會。

貳、國家的形勢:中華民國在臺灣的內在政經格局,至少面臨四個方面的變遷情勢:1.隨著人民教育程度的提升,社會經濟的持續繁榮,民主意識不斷高漲,對政府的要求也顯著提高。過去傳統的政治結構和形事方式,甚至連憲政改革也成為不可迴避的課題。2.經濟與安定的相互依存,益形重要。改革是為了發展,也是為了安定,所以改革不能影響經濟,破壞安定。3.退出聯合國以來的「漢賊不兩立」政策,必須有所調整。務實外交在這個形勢下應運而生,國家主權也隨之蛻變,我們參與國際組織亦有顯著進展。4.臺灣海峽兩岸,從軍事對峙中發展出和平交流關係。兩岸過去是一個統一的中國,將來也以此為目標,但現在是處於分裂分治的現實。國家統一綱領是我們追求以自由、民主、均富完成中國最終統一的階段性政策規劃,目前我們以民間交流,積極營造兩岸和平競爭、互信共榮的基礎。

參、本黨的任務:本黨所負的任務,是雙重性的任

務,必須兼顧黨的改革與政治的民主改革。我們既要全力推動政黨政治,便要加速黨的改革。本黨所進行的改革,必須秉持反共產及反臺獨兩個基本原則。本黨反共、反獨的中心思想,從未改變,也絕無妥協。不像其它政黨,有的把「反共」視為「反華」,有的把「反獨」當作「反臺」。反共不是反華,反獨也不是反臺!本黨是理性負責,代表全民的政黨,只有本黨堅決主張在臺灣的二千一百萬人,都是中國人,也是臺灣人。我們一定要相互扶持,緊密團結,才能成功地實踐反共與反獨的理想。

肆、改革的策略:理性原則、協商原則、平衡原則、漸進原則、堅定原則。

伍、兩端的偏見:第一種似乎是抗拒改革;第二種顯然是過於偏激。

陸、進步的動力:唯有牢牢掌握民眾的意志與利益,本黨才有明確的、必勝的奮鬥目標。

柒、認同的釐清:認同是相對互動的,本黨認同臺灣,臺灣當然也會認同本黨。為臺灣努力奮鬥,就是臺灣人;不放棄國家統一與民族復興的努力與希望,就是中國人。本黨從大陸遷臺,從沒有失去對臺灣這塊土地的愛護與認同。所以本黨就是全臺兩千一百萬民眾的政黨。

捌、奮鬥的信念：「主權在民」理念的落實，就是要激發每一位國民發揮自己是國家主人的意識，而「生命共同體」的凝聚，則是要使個人的自由意志與整體社會的福祉利益相互整合，建立一個有個體的自由，又有整體和諧與福祉的文明社會。今天我們在這裡所做的一切努力，不但對臺灣二千一百萬人有具體的意義，對整個中華民族的未來，也必將有深遠的歷史性影響。

玖、作風的改造：在民主的洗鍊之中，本黨已從過去的支配性政黨，轉變成今天的競爭性政黨。黨的體質，有了改變，黨的作風，亦要調整進步。我們還必須嚴肅認真地自我精進，以下再談五個問題。一是官僚文化；二是被動習性；三是形式作風；四是教條主義；五是消極心態。

拾、光明的前途：當前世局中之民主浪潮，勢不可擋，以民意為基點的國際新秩序廣受認同，尊重人性價值與人本尊嚴，亦成為至高無上的共同道德。

　　我記述了李登輝主席於 1994 年 12 月 30 日，在中央黨部年終工作檢討會講話內容，是期望有志於研究李登輝總統思想和治國理念的政經學者，可以從比較研究的角度，試從 1996 年總統直選的前後，或試從 2000 年政黨輪替的前後，去做比較性的研究，或許這是提供了一個很有意義學術性論

文的主題。

政黨關係與政黨合作

1987 年,解除戒嚴之後,依據通過的《人民團體組織法》,准許國人可以組織設立政黨。為因應新的政黨政治情勢,執政黨特別成立政黨關係工作會,專責與國外政黨交流,和加強國內各在野政黨的關係。

朝野政黨關係在此形勢下,基本上仍維持既合作又競爭的政黨關係。但這段期間以來,在秉持政黨政治運作的基本原則,也陸陸續續透過政黨溝通與政黨合作之下,通過了許多重大的爭議性法案。諸如:《國家安全法》、《人民團體組織法》、《集會遊行法》,和《刑法》一百條的修正案等等。

當時擔負這些相關法案政黨溝通的主要政黨,是執政黨的政黨關係工作洪玉欽主任,與民進黨主席黃信介。是當年國民黨參與溝通協調的代表有洪玉欽、陳金讓、謝隆盛等,民進黨參與溝通協調的代表有黃信介、許榮淑等。

我有篇〈政黨關係與政黨合作芻議〉,簡述如下:

> 一、政黨關係:隨著政局的變遷,中華民國在臺灣地區的政治發展約略可劃分為動員戡亂時期(1949-1987)、一黨獨大時期(1987-1995)、多黨競爭時

期(1995-迄今)等三個時期,而此三時期政黨政治之運作各有不同的態勢。(一)動員戡亂時期的政黨關係。自政府遷臺以來,國力凋敝,並面臨中共的武力威脅,為了充實國力,凝聚共識,政府在政治上,對政黨的成立及活動,仍加以設限,而在野的民社黨與青年黨,在本黨中央政策會的協調下,亦能共體時艱,配合政策,形成朝野共治的和諧政治局面。(二)一黨獨大時期的政黨關係。隨著經濟的發展,國內要求政治解禁的呼聲亦日益高漲,執政黨順應民意,在執政黨於 1992 年,調整中央政策會的組織架構,特別成立政黨關係工作會,專責與國內外政黨展開交流,尤其是針對國內各在野政黨的溝通協調聯繫。(三)多黨競爭時期的政黨關係。1995 年底的第三屆立委選舉,對國內政局造成結構性的衝擊。在野的民進黨與新黨隨時可以利用國民黨委員出席率低的時刻展開突擊,對政府政策形成掣肘。如何建立一套朝野政黨間理性互動的關係,實為當前實施政治民主的首要課題。

二、政黨合作:政黨合作的範圍可分為幾個層次:
(一)政策合作。政黨合作的主要目的在政策的順利制定與執行,因此朝野各政黨如何在國大及立院兩大議場理性溝通、良性互動,實為政黨合作的主要關鍵。(二)人事合作。執政黨在政府部門釋出

若干職位以爭取在野黨的支持是政黨合作的基礎。在野黨唯有在獲得若干政治資源及決策影響下，才會願意跟執政黨合作。又可分為三個層次：1.小合作。也就是目前民進黨所倡議的，在政府機構合議制的委員會，增設政黨代表。2.中合作。除此之外，在行政院增設一副院長，由第一在野黨人士出任，並在不管部政務委員中增加政黨代表。3.大合作。即政府各部會主管依政黨的實力來分配名額，成為聯合政府的型態。（三）政策合作加人事合作。此方案是以政策合作為主，配以人事合作中之大、中、小之任一方案以推行，以達相輔相成之效。

三、推動政黨合作的建議：（一）在立法院方面：首先三黨可成立「民生法案清倉審議委員會」，對已積壓多年的民生法案加快處理，並儘速送各委員會及院會通過施行。（二）在國民大會方面：由各黨派籌組成之憲政改革委員會，可就「立委任期四年」、「中央政府體制」等迫切性高或共識性強之議題先行合作進行研討，以凝聚共識。（三）在釋出人事職位方面，本黨已在此波監察委員、考試委員改組時釋出若干名額由在野黨推薦。（四）本黨李主席在提出政黨合作時強調，政黨合作是要化解政治衝突，推動國家的政經建設，因此即將召開的跨黨派政經會議，正可就未來國家的政經建設藍

圖，凝聚朝野共識，作為政黨合作的堅實基石。

四、展望：目前我國之政黨政治已處於蓬勃發展時期，民主政治也顯然蘊育成形，唯政黨間之良性互動關係尚未建立，故政黨合作構想之提出實乃勢之所趨。政黨合作方案之推動非一夕可成，須由簡而繁，分階段性的實施，最後則是建立一個制度化的溝通、協調、合作管道，至於合作之範圍與內容，則因時因地彈性商議，無須硬性規約。有關政黨合作釋出人事職位之部分，此與延攬無黨籍人士入閣有異，涉及整體體制之震動，政黨合作有進無退，必將形成政經資源之分散共享，衝擊原有體制，須審慎為之。

從上述這篇〈政黨關係與政黨合作芻議〉的內容，我們可以感受與佐證當年國民黨為推動國內政黨政治發展，冀望透過加強政黨關係與政黨合作，來帶動國家建設的苦心。

1995年6月，李登輝總統的回其母校康乃爾大學的演講〈民之所欲，長在我心〉，這是中華民國建國以來第一位訪問美國的元首，不但有助於李登輝總統國際聲望的提升，在國內更是將其自 1988 年繼任總統後，其推動本土化與民主化政策的受到國人肯定與支持，同時也厚植了他於 1996 年競選總統的選票基礎。

檢視這時間，還有一項很重要政策的實施，就是 1995

年 1 月 5 日，行政院正式通過「發展臺灣為亞太營運中心計畫」。根據陳鳳馨《遇見百分百的連戰》指出：

> 連戰自己回憶他與李總統談及這一計畫時，「實在很妙，我要向他簡報時，總統從口袋裡也掏出一張紙，講的也是亞太營運中心的構想。」這個計畫當時正由經建會主委蕭萬才主導規劃，後來由徐立德以行政院副院長兼經建會主委的身分接手辦下去，凸顯這項計畫的重要性。……這套計畫的中心目標就是國際化與自由化，從量化的數字來看自由化方案，連內閣時期修正的相關法案通過七十個，配合修正的行政命令超過一百項。
>
> 「亞太營運中心計畫」是計畫臺灣將發展製造、空運、電信、媒體、海運與金融中心。規劃期從 1995 年起共十年，第一階段自 1995 年至 97 年，第二階段自 97 年至 2000 年，第三階段自 2000 年至 2005 年。

這一計畫，李登輝總統期許成為我國脫胎換骨的一項重要建設，後來蕭萬長內閣接棒後也繼續全力以赴的推動。李建榮在《連戰風雲》指出，連戰是第一位臺籍行政院長。1995 年 2 月，連戰在立法院施政報告宣示，兩岸關係進入「協商時代」，且兩岸交流應以經貿為主軸。

1996 年 3 月，儘管李登輝與連戰當選總統、副總統，連

戰並以副總統兼任閣揆，但是在9月李登輝總統宣布「戒急用忍」的大陸政策之後，整個「亞太營運中心計畫」的推動工作，乃至於經建會正研究的「境外貿易」和「經貿特區」等構想的腳步也就緩慢下來。

　　承上述，李登輝總統的回美國母校康乃爾大學演講，這是中華民國第一位訪問美國的元首，凸顯的是外交政策；第一位臺籍閣揆連戰在立法院宣示兩岸關係的「協商」，重視的是大陸政策。

　　從外交政策與大陸政策來做比較，該是那一項政策優先？執重？國內政黨就出現不同的見解。簡單而論，國民黨認為大陸政策優先於外交政策的考量，有穩定的兩岸關係，在國際上會走得順利；民進黨則認為外交政策優先於大陸政策，有外交的走向國際化，有助於兩岸關係的談判。

　　1995年，李登輝總統的赴美有助於外交關係的提升，連戰院長的協商有助於兩岸關係的穩定。我感受當時在工作上的充滿朝氣與鬥志，我想這也是為緊接著而來總統直選的奠下勝利基礎吧。

　　1996年大事記，我記述下列的5件事項，他是與我的工作範圍比較有關的，諸如：3月23日，直選總統結果，李登輝與連戰當選第九任總統、副總統；6月5日，副總統連戰繼續兼任閣揆；6月16日，許信良當選民進黨第七屆黨主席；9月14日，李登輝總統宣布「戒急用忍」的大陸政策；12月23日，國家發展會議的召開，會期中作成凍結省級選

舉和總統提名閣揆無須立法院同意的重大共識事項；12月31日，省長宋楚瑜宣布辭職。

這其中，要以李登輝與連戰搭配的當選中華民國第九任總統、副總統，攸關國家的整體發展和未來前途至為重大。從他們選舉之後的得票數而論，獲得支持的總票數有5百81萬多票，得票率高達54%。

這裡更具深層意涵的是，李登輝與連戰都是蔣經國自擔任行政院長以來，其推動本土化時期積極培養的臺籍菁英。現在李登輝與連戰的當選，又是由臺灣地區選民所直接選舉產生的，我將其定位是中華民國政權本土化的完成。

《李登輝執政告白實錄》指出：

> 九六年對於李登輝的權力鞏固而言，是一個重要的分水嶺，在此之前的八年，李登輝為穩定個人的執政基盤奮戰不懈，並且在當選首任民選總統後，達到最巔峰。但是這個政治生命的最高點剛剛達及之際，李登輝馬上面臨黨內中生代權力分配的索求，直到李登輝四年後卸任方止。

上述「李登輝馬上面臨黨內中生代權力分配的索求」，凸顯了選舉與權力結構的關係。在總統大選的這大規模選舉，其所動員的人力物力絕不是候選人本身的能力所能負擔，依靠的是從中央到地方的全面性動員起來，選後的權力

分配索求勢不能免。

首要中央職位當是閣揆位置的爭奪戰,已經站上政治權力制高點的李登輝總統兼黨主席,從中華民國閣揆本土化的角度思考,《李登輝執政告白實錄》指出:

> 當年李登輝特地從美國將李遠哲延攬回國,接替吳大猷擔任中央研究院長,是一份對知識分子的敬重,希望由他來帶動中央研究院學術研究本土化的工作。……邀請組閣不成,李登輝依舊希望李遠哲所主持的教改會能多在教育改革上發揮影響力,對於李遠哲所推薦的教育部長吳京,同樣寄望甚深。

《李登輝執政告白實錄》繼續指出:

> 提拔蕭萬長,主要是財經歷練切合國政需要,李登輝也特別注意到,蕭萬長當初受命到嘉義參選立委時,雖然是政務官下鄉,但是面對基層時頗有親和力與架勢,不乏政治細胞,是值得培養的人才。

1997年8月28日,國民黨十五全會閉幕,李登輝任命蕭萬長組閣。在馬英九、蕭萬長對談《治國:臺灣贏的新策略》的書中,蕭萬長先生談到:

> 我非常支持本土化的工作。民主政治是靠選票,所以政黨要能順應民意,抓緊潮流脈動,才有可能在選舉中脫穎而出,進而繼續生存。因此,國民黨雖然黨名叫中國國民黨,但是不要忘記,國民黨在臺灣發展已有五十多年的歷史,他的黨綱黨章果不能讓臺灣這塊土地與人民所認同,那如何有機會再重新執政呢?所以對國民黨而言,實行本土化路線是天經地義的事,只是本土化不能只把它視為搞政治對立的口號而已,而必須身體力行。

從 1996 年的中華民國總統、副總統由本省籍的李登輝與連戰當選,到隔年由嘉義出身的蕭萬才組閣,我見證了中華民國的本土化歷程。我也想起在總統大選期間的政見發表會場,現場總是播放當時正流行日劇長片《阿信》,而其主題曲非常符合當時的情境與時代背景,也很適合與群眾大聲齊唱〈感恩的心〉的這首歌來。

修憲與凍省的政局震盪

1996 年 12 月 23 日,李登輝召開「國家發展會議」,這項會議是他在就職演說的重要承諾,也是仿效 1990 年召開的「國是會議」,為了檢討出更進一步推動民主改革的方法,而召開跨黨派的會議。

這次討論主題包括：憲政體制與政黨政治、經濟發展、兩岸關係等三項。會議最後達成192項共同意見，在「憲政體制與政黨政治」議題上，做出22項改革共識，其中最重要共識除了中央政府體制的總統任命行政院長，不需立法院同意；在地方政府體制則是調整精簡省府功能業務與組織，同時凍結省自治選舉。

《李登輝執政告白實錄》指出：

> 廢省或省虛級化之議，並非出於今日，早在兩蔣時代就已經搬上檯面研究，但因涉及統獨意識形態的時代牽絆，以致懸而未決，過去為了維護虛幻圖騰，勉強維持著疊床架屋的架構，並不代表就適合臺灣。同時，我國憲法按照大陸量身設計的四級制受到檢討，不是制度好壞的問題，而是能否因地制宜適用的問題，省府拿臺灣和國土不成比例的美國相較，說服不了國人。

1997年7月18日，第三屆國民大會第二次會議進行了第四次修憲會議。相較於前三次修憲的由國民黨一黨主導，在這次會議過程中，分別由李登輝主席領導下的國民黨、許信良主席領導下民進黨，兩黨透過政黨的協商，展現了政黨合作協議的模式。尤其在簡化省府業務的「省籍虛級化」，最後達成凍結省級選舉的「凍省」，和建立「雙首長制」的

取消了立法院閣揆同意權、增加倒閣權、總統可解散立法院、立法院席次增加為 225 席,以及取消教科文預算下限。

修憲後的一連串政局動盪,出現於 8 月 28 日國民黨十五全會閉幕,李登輝任命蕭萬長組閣。這一重要的人事案,讓人不禁回想起《明天會更好——關中傳奇》提起,1989 年 12 月 2 日選舉結果的那一幕:

> 開票當晚,李(登輝)宋(楚瑜)關(一中)三人都在主席辦公室內看開票,結果出來輸了七席,尤其臺北縣與彰化縣都是大縣,李登輝臉面非常沉重,關中當場表示負起輔選全責,即刻辭職,宋楚瑜也馬上說不不不,應該由他負責。過了兩天,宋楚瑜便來跟關中說,「一中兄,主席已經同意你辭職,就做到這個月月底。」再兩天,接任組工會主任的蕭萬長就來看望關中,正在辦公室裡與關中在談話時,宋楚瑜推門進來,對蕭說都為你安排好了,兩個副主任(荊鳳岡、詹春柏)也一併辭了,彷彿視關如無物。關中底下兩個副主任、三個總幹事,大概十幾個人在一周左右的時間內迅速「掃除更新」。

承上述,這段宋楚瑜與蕭萬長的人事安排淵源,和修憲後凍省所引發部分地方的民意反彈,以及受到李登輝任命蕭

萬長組閣因素的影響，更加深了行政院與省府之間的微妙關係之外，衝擊政局最關鍵的還是緊接著 11 月 29 日縣市長選舉的結果，國民黨只取得 6 席，民進黨大幅成長至 12 席。國民黨已經逐漸失去以往在地方政治板塊的優勢，當然也會衝擊到國民黨未來在 2000 年的總統大選。

回溯這段修憲的期間，國民黨對於修訂相關條文的內容，除了黨內邀請黨籍國大代表和憲法學者等來參加研議之外，亦不斷地與當時在野的民進黨展開政黨協商。在國民黨邀請來研議的憲法學者之中，我們可以常見到謝瑞智教授的受邀參與研議修憲條文，和他經常發表在報刊雜誌的專文論述。

1993 年 5 月，《中央月刊》登載謝瑞智〈李總統登輝先生倡導修憲的理念〉，文中提到當時李總統倡導修憲的時代背景，是在民主開放之過程中，社會大眾的觀念必然屬於多元與複雜之感性型態，其中有比國民黨更為保守者，如「國民黨保守派」，亦有力主極度開放者，如「民進黨」。在國民黨保守派勢力與民進黨反對勢力之激盪下，任何政策之提出，無論多麼高明絕妙，難免動輒得咎。

該文中亦提到，在第二屆國民大會代表選舉時，民進黨雖主張「制憲與三權憲法」，但並不為人民所認同，致使執政黨獲得高達百分之七十八的席次，是這次修憲工作能完全遵照李登輝總統的理念來進行。李總統所堅持的修憲原則或理念就是：三民主義立國原則、共同體原則、新境界原則、

法治原則、中立原則、民意原則、人和原則、漸進原則、務實原則。

謝瑞智的博學、憲法權威和著作等身,讓我聯想起蔣經國推動本土化,邱創煥被派任中央黨部社工會主任時謝瑞智的擔任總幹事,和邱創煥擔任考試院長時謝瑞智的擔任銓敘部政務次長。1994年9月,當邱院長延攬立委關中出任銓敘部長時,謝瑞智則回學界,但仍兼修憲國代。

1997年7月,謝瑞智教授經行政院長連戰核定派任警大校長,他重視法學與通識教育;2000年8月,受到新政黨5月開始執政氛圍的影響,決定辦理退休。2012年10月,不幸病逝,享年78歲。

1997年11月26日,縣市長選舉結果,國民黨首度得票率低於民進黨,席次由15席跌為8席;民進黨取得23席中的過半席次,由6席增為12席。檢視國民黨的得票率42.1%,民進黨的得票率43.3%,雖差了1個百分點,但是由於單一選區對於民意的變動高度敏感性,凸顯了國民黨的挫敗感。

這次選舉是剛歷經國家發展會議作成凍結省級選舉的共識,和第三屆國民大會第二次會議通過,取消立法院閣揆同意權、增加立委名額、國大的參議院化,增強了縣市長與中央政府的直接關係,提高了縣市長自主性的角色。

又從該次國民黨的選舉提名過程與人選來分析,黨主席李登輝的主觀意識扮演相當關鍵的角色。國民黨明知在地方

派系分裂的情況下,可能導致會輸掉這場選舉的後果,但為了落實臺灣民主政治的發展,或許亦可解讀這是場國民黨、新黨(1993年成立)與民進黨的意識形態之爭,其所導致選舉結果的因素之一。

以下僅就解嚴前後政黨的意識型態分析:1977年,五項地方選舉同時舉行,原存社會結構內的政治異議人士,突然由隱而顯取得6席縣市長。1979年初,出現的《美麗島》雜誌社,以自外於執政黨的身分,喊出所謂「黨外」的代表性名稱,而《美麗島》雜誌社也跟著成為美麗島政團。

《美麗島》雜誌的反執政當局意識,可溯至《夏潮》雜誌社。該雜誌社成立於1976年2月28日,標榜「社會、鄉土、文藝」路線,雖然日後另有大中國意識取向,由其成立日期,不難看出寓意「二二八事件」的政治平反意味,和不認同國民黨所界說的國家主權意識。並且圖藉文藝小說,從鄉土、民情、社會習俗著手,針對執政當局文宣架構,進行釜底抽薪工作。

這股軟性反對攻勢,經過鄉土文學論戰後,固然暫時偃旗歇鼓,但再接而起的另一股《美麗島》雜誌社力量,凸顯當時的黨外型態固屬烏合性質,但逐漸凝集的因素仍在意識相近,都是針對執政當局政策而發,或以「臺灣鄉土論」泯化「反攻大陸論」,或以「社會觀」沖淡「政治觀」,或以「群眾個別性」拆解「集中統一性」,演變結果終於形成「住民自決」的主張。

「住民自決」意識並非始自《夏潮》，也非始自《美麗島》，而是胎塑於「臺灣基督教長老教會」。1971年12月29日，該教會曾因我國退出聯合國而公開發表「對國是的聲明與建議」，主張「人權是上帝所賜與，人民有權利決定他們自己的命運」，將人權從國家主權中分離出來，並以天賦人權觀點為獨立自主意識尋得合理依據。

教會獨持異議的特性，在日據時代即已蘊生出反壓迫的民族意識，這股意識逐漸與教義共同釀趨本土化；臺灣光復後，因教友入會的關係，長老教會又增添了部分政治創傷意識，一旦再遭退出聯合國及有被國際強權出賣之虞，立刻便爆出了自決獨立主張，而教會也隨即成為懷有政治受難心理人士的後援會。

諸上變化，無不在說明，國內政治反對團體，其成員結構與意識型態，厥與宗教本土化、民族本土化有密切關係。基此緣由，不難了解，何以長老教會以宗教超然立場，提出「住民自決」與「臺灣獨立」觀點後，黨外人士曾將「自決」一詞置於1978年12月25日共同發表的「國是聲明」中，使之成為政治團體訴求重點，並成為日後民進黨黨綱的重要精神；也不難了解，何以一方面有民進黨二全大會時，出現爭議應否將臺獨主張列入黨綱的分歧局面。

意識型態與政治行為有一而二、二而一的關係，當意識籠統時，單純的不滿情緒每能因面對共同目標而連結一氣，但在雛形組織逐漸成長，且在接受群眾回饋訊息後，便開始

對下一步運作方向與內涵有所調整,而此過程一旦開展,烏合團體必將出現意識型態抉擇的問題,於是,黨派整合能力與成員政治態度便成為決定妥協或分裂的重要因素。

這種情形,以 1979 年美麗島政團掀起的反對意識與行動來說,雖曾因高雄暴力事件案而受法律制裁,但在 1980 年增額中央民意代表選舉時,受刑人家屬都高票當選,甚至連辯護律師或標榜美麗島餘丁的蘇秋鎮也都上榜,是可見敵愾同仇的情緒,已具備以民主運動方式維持雛形政治勢力之能。此後,每屆選舉,政治團體便進行一次嚴肅的整飭與考驗,執政黨如是,由美麗島政團演化而成的各類民意代表服務處、聯誼會、選舉後援會、公共政策研究會,乃至民主進步黨也都如是。

民進黨自 1986 年 9 月 28 日建黨以來,其所引發的政治變化係將反對勢力結合成政黨實體,有推薦候選人參選的作業、有議會黨團杯葛能力、有策動民眾走向街頭事證,雖然表現尚嫌粗糙,但在多次密集運作後,個中成員顯然已從模糊對抗概念中,分釐出彼此心態、理念與政治取向的差別。

意識型態造就了民進黨,也造就了 1987 年 11 月 1 日成立的工黨,在民進黨方面,既使結構與運作紛亂,也使過濾後的組織便於統一行動。在工黨方面,既使關注工農下階層者得藉民主社會主義團聚一爐,但也因成員屬性及勞工地位獨高於其他農漁等身分者,極易造成衝突與整合壓力。

工黨就成員結構言,偏重抽象意識者,有夏潮聯誼會與

臺灣筆會二大系統;偏重勞工權益意識者為工會幹部。其中,夏潮持大中國意識,臺灣筆會懷本土意識,看似政治意識導向者居上位,實則工黨成員仍以各地工會幹部為主。工黨強調從事社會改革,民進黨則主要從政治、社會、校園、思想等方面進行問政工作。

惟在此同時,其他附屬或次級政治性組合,也分別以不同方式在大局中互動不已。其中尤以民進黨周遭的互動居多,它們與民進黨內部的派系關係,傾向新潮流系統,也即是所謂的「黨工群」。黨工群執著理念,不滿公職人員妥協作為,而公職人員則包括當時的康寧祥系統與泛美麗島系統,二者囊括黨內多數要席。

因此,黨工群乃思以民進黨「黨外」身分結合以上各團體,另造聲勢,俾便影響黨中央,使附和己意。在內外爭逐下,該黨終於衍生「國會全面改選」與「臺灣獨立」二大運動併起對壘之勢,一方面是民進黨進行組織動員作業,另方面是「臺灣政治受難會事件聲援會」在四處煽火,雖然主題有別、內鬥性質明顯,但在攻擊執政當局方面,卻都抱持革命意識。

復論解嚴前後的新黨及其他政黨發展情勢,若論政黨意識型態其處於相對弱勢的自不待言,而附屬於政黨的次級團體,雖可歸入主要政黨,且以意識流向探其脈絡。但綜覽當前政黨發展趨勢,自應以國民黨與民進黨互動關係為主軸,不僅要關注這兩主要政黨的策略性作為,同時亦當深入探討

其意識型態的流變。

國際民主聯盟與政黨外交

馬英九、蕭萬長對談《治國：臺灣贏的新策略》，這書是 2008 年總統參選人馬英九和蕭萬長的出版著作。書中，馬英九先生有段話：

> 我與經國先生沒有任何特殊淵源，但他對我這樣的年輕人卻相當栽培與提拔。我回國後擔任總統府第一局副局長時才三十一歲，三年後那時國安會秘書長沈昌煥先生突然找我去，說總統要我接陳履安所空出來的國民黨中央黨部副秘書長職務，我聽了差點從椅子上掉下來，我固然是黨員，但從來沒有想到要從事黨務工作，沈昌煥先生也沒有解釋原因。後來自己約略摸索出一些脈絡，我想經國先生要我負責政黨外交的目的，應該是要我與國內外政黨人士多多接觸，以刷新國民黨的對外形象。

上述，馬英九先生所提到國民黨中央黨部政黨外交的工作，到了 1996 年前後，該項政黨外交的業務，隨著資深中央民意代表的退職，和因應立法院改選後的新委員產生，已從原屬中央秘書處，轉從中央海外工作會移至新成立的政黨

關係工作會。我想政黨外交業務之所以會改由中央政策會所屬的政黨工作會接辦，最主要原因是該項工作可以與推動國會外交工作相結合。

中央政策會和政黨工作會的執行長、主任等重要職位，都是由立委或國代等具有國會議員身分所組成。尤其是國外政黨人士的來訪，主要來自實施民主政治國家的代表性人物。同樣地，負責國內政黨外交工作的出訪，如果其本身又具有國會議員身分，更有助於政黨外交與國會外交工作的相輔相成。

當年國民黨的政黨外交工作主要是參加「國際民主聯盟」（International Democrat Union, IDU）與「太平洋民主聯盟」（Pacific Democrat Union, PDU）。「國際民主聯盟」是 1983 年，由英國保守黨、美國共和黨、日本自民黨及德國基民黨等發起組成中間偏右的國際性政黨組織，與「社會黨國際」（Socialist International , SI）、「自由黨國際」（Liberal International, LI）鼎足而立，並列為世界上三大國際政黨組織。

國民黨由於多年來推動臺灣地區政治民主化和經濟自由化的成果，除例行性之拜會邀訪等活動外，並積極以「刷新形象、廣結善緣」的務實外交原則，參與國際民主聯盟和其屬太平洋民主聯盟、國際婦女民主聯盟，國際青年民主聯盟的活動。

1997 年 9 月 10 日至 12 日，我有機會參加了「國際民主

聯盟」在美國華府召開的年會，會後並與當時美國眾議院議長金瑞契等共和黨人士合影留念，同時利用這次機會遊覽了美國國會，和紐約公共圖書館、Barnes & Noble Booksellers 等地，為這次的赴美參加政黨外交活動和了解美國國會的運作，增長了許多見聞和知識，也給自己在工作與學習的過程中留下美好的回憶。

比較遺憾的是，2011 年美國總統共和黨初選過程中，原本眾議院議長金瑞契有可能代表共和黨角逐總統大位，這位擁有杜蘭（Tulane）大學史學博士學位的金瑞契，曾譴責歐巴馬「反殖民主義」、「說話像肯亞人」，這表示金瑞契犯了還在懷念西方殖民主義的帝國時代，導致最後未能脫穎而出的代表共和黨競選美國總統。

檢視這次我的參加了 IDU（國際民主聯盟）在紐約華府舉行的年會，我們除了參與主辦單位舉行的大小會議，和見習了該活動的整個過程，同時也邀請相關政黨，歡迎他們出席國民黨即將於隔年（1998），將在臺北主辦國際民主聯盟暨太平洋民主聯盟（PDU）的執委會議。

1998 年，國民黨主辦國際民主聯盟暨太平洋民主聯盟執委會議，是訂在 11 月 14 日至 17 日，假臺北晶華酒店舉行。我們主辦單位經過近半年的籌備，和邀請約有世界 30 餘個會員國，近 50 個政黨來參加。

重要活動，早從 13 日上午舉行記者招待會，下午開始辦理報到；14 日，國際民主聯盟執委會議；15 日，安排市

區觀光；16日上午，開幕式由章孝嚴秘書長主持，連副總統發表演說，拜會行政院蕭院長；17日上午，中華民國簡報，胡志強部長午宴，下午拜會李主席登輝；18日，參觀花蓮太魯閣國家公園，與會代表陸續離華。

同年（1998）12月，我的出訪韓國政黨交流活動，是韓國駐臺金參事，和韓國國務總理特別助理辦公室朴宗喆、鄭有善的聯繫，我隨同鄭逢時等臺灣多位立委（國會議員）前往，經由當時有意參選漢城市長的自由民主聯合副委員長朴宗喆的陪同，拜會其所屬政黨總裁朴泰俊，副總裁也是國會議員李台燮，韓國聯合通訊社長金鍾澈，和文化觀光部次官辛鉉雄等重要政黨人士的活動，也參訪了我已闊別多年的韓國慶熙大學。

1998年，我參與了國民黨在臺北主辦的國際民主聯盟暨太平洋民主聯盟執委會議，和出訪了韓國的政黨與國會議員的交流活動，這是在我這階段工作生涯的難得機會，我也非常感謝當時長官鄭逢時主任對我能力的肯定，讓我有機會留下這美好的回憶。

2000年政黨輪替與民主化

1988年，我除了參與主辦國際民主聯盟在臺北召開的執委會議，和出訪南韓的自由民主聯合黨等政黨外交，並回到我的母校慶熙大學的活動之外，比較令人關注的重要議題

還有：是年 6 月，美國總統柯林頓的訪問中國大陸；10 月，辜振甫與汪道涵的會晤，並與江澤民見面。

在這一年中，尚有兩件攸關臺灣政局穩定的事情，一是：10 月，北高兩市長選舉，馬英九當選臺北市長的取代陳水扁，謝長廷當選高雄市長的取代吳敦義；一是：12 月，宋楚瑜省長任期的屆滿。

時序在進入 1999 年，對政局影響的震盪，不但延續到 2000 年總統大選的結果，乃至於中華民國未來的生存與發展。是年，影響政局動盪的至關重大事件，包括：7 月 9 日，總統李登輝接受「德國之聲」的專訪，提出兩岸至少為「特殊國與國關係」，致使李登輝主席被批評是主張所謂「兩國論」。7 月 10 日，民進黨全代會通過提名陳水扁為總統候選人。

7 月 16 日，臺灣省長宋楚瑜表態參選總統。8 月 29 日，國民黨十五大二次會議通過提名連戰、蕭萬長為總統、副總統參選人。9 月 4 日，第三屆國大第四次會議通過國代延任案；8 日，國民黨中常會通過開除國大議長蘇南成黨籍。11 月 11 日，國民黨中常會通過開除宋楚瑜黨籍；30 日，黃信介病逝。12 月 10 日，陳水扁宣布呂秀蓮為副手的搭配總統、副總統選舉。

詭譎多變的動盪 1999 年，特別是關係到國民黨總統、副總統的提名爭議，並涉及到宋楚瑜參選的開除黨籍。在這段紛紛擾擾過程中的情節，不禁讓我回想起 10 年前，也就

是1989年的前後,也因為類如中央黨務人事大變動所給我留下的感慨,於是我有了萌生不如歸去的退意。

2000年3月18日,大選開票結果,由與我同年紀、同是臺南北漂的陳水扁,當選了中華民國第十任總統;24日,李登輝辭去國民黨主席的職務。5月20日,陳水扁、呂秀蓮宣誓就任中華民國總統、副總統。政黨輪替和臺灣歷史的發展又進入一個嶄新階段。

2015年,李登輝在《新臺灣的主張》指出:

> 從一九八八年首度坐上臺灣最高權力者的位置以來,我從未眷戀權力。腦海中想的只有「為國」、「為民」。只要出現比我更有實力的領導人,我隨時都可以讓出總統寶座。所以,當陳水扁當選總統時,我由衷感到欣慰,讓出總統大位。但是,面對政權轉移,外省人眷戀獨裁體制的反彈力道非比尋常,導致我後來不得不離開國民黨。

總結,溯自1972年,蔣經國擔任行政院長的推動本土化,歷經1989年國民黨十三全大會之後的完成黨內本土化;再歷經1996年總統直選之後的中華民國本土化,最後到2000年總統選舉之後的政黨輪替,終於讓中華民國邁向民主化之路。

側寫1978年至1987年蔣經國執政,與1988年至2000

年李登輝執政，很難道盡這兩位先後任總統與黨主席，他們執政階段的多面向，和各界不同的評價，我只能就如我的所見所聞敘述如上。

特別是 2000 年之後，3 月國民黨在總統大選中落敗，5 月卸任總統和離開國民黨主席的李登輝先生，攸關他的評價和民進黨開始的執政，則完全不在本文字的敘述範圍了。

2000 年 2 月 1 日，我已重返了校園，不再過那滾滾「生年未半百，常懷千歲憂」的「為人作嫁」日子。我轉回到大學教書。2004 年之後，我的住家搬離了溫州街，遷居到更臺北城南的蟾蜍山下，過著是近乎隱居生活的「靜好」歲月。

我慶幸自己有機會見證了這階段中華民國與臺灣的本土化與民主化的雙軌艱辛歷程，儘管我是堅定回到學校之後的不再參與任何政黨活動，但是仍自許做為一位「知識人」，不敢或忘在校園裡教書、學思與書寫的公共社會責任。
（2024-07-04 修稿）

國家圖書館出版品預行編目(CIP)資料

臺北城南印記：1978-2000年臺灣本土化與民主化的雙軌發展歷程 / 陳添壽著. -- 初版. -- 新竹縣竹北市：方集出版社股份有限公司, 2025.03
面； 公分

ISBN 978-986-471-501-5 (平裝)

1.CST: 人文地理 2.CST: 歷史 3.CST: 臺北市

733.9/101.4　　　　　　　　　　　　113014899

臺北城南印記：
1978-2000年臺灣本土化與民主化的雙軌發展歷程

陳添壽　著

發 行 人：賴洋助
出 版 者：方集出版社股份有限公司
聯絡地址：100 臺北市中正區重慶南路二段 51 號 5 樓
公司地址：新竹縣竹北市台元一街 8 號 5 樓之 7
電　　話：(02) 2351-1607　傳　真：(02) 2351-1549
網　　址：https://fungiipub.eculture.com.tw
E - m a i l：service@eculture.com.tw
主　　編：李欣芳
責任編輯：陳亭瑜
行銷業務：林宜葶

排　　版：菩薩蠻電腦科技有限公司
出版年月：2025 年 03 月 初版
定　　價：新臺幣 360 元

ISBN：978-986-471-501-5 (平裝)

總經銷：聯合發行股份有限公司
地　　址：231 新北市新店區寶橋路 235 巷 6 弄 6 號 4F
電　　話：(02)2917-8022　　傳　真：(02)2915-6275

版權聲明：
　　本書版權為方集出版社股份有限公司(以下簡稱方集)出版、發行。相關著作權利(含紙本及電子版)，非經方集同意或授權，不得將本書部份、全部內容複印或轉製、或數位型態之轉載複製，及任何未經方集同意之利用模式，違反者將依法究責。
　　本書作內容引用他人之圖片、照片、多媒體檔或文字等，係由作者提供，方集已提醒告知，應依著作權法之規定向權利人取得授權。如有侵害情事，與方集無涉。

■本書如有缺頁或裝訂錯誤，請寄回退換；其餘售出者，恕不退貨■